JN229413

忠臣蔵大全

演劇評論家
藤田 洋

はじめに

「忠臣蔵」は、元禄十四年から十六年へかけての、足掛け三年に及ぶ赤穂・浅野家浪人の仇討ち事件を指す。歴史的事実は、俗説を生み、虚説を育み、国民的大ドラマにふくれあがり、いまや何が真実なのか、その事実よりもはるかに大きな信憑性をもって、虚構が真実だと信じられるようになっている。

たとえば、吉良上野介は浅野内匠頭を冷たくあしらい、苛めが過ぎた故に刃傷事件がおこったと考えられ、その原因についてあれこれ穿鑿《せんさく》されている。が、老齢の上野介は京都往復の長旅で疲れ果てていたうえ、勅使接待の当日、万端疎漏ないように気配りもしていた。当然、神経質になっていよう。その上野介の心理状態も考慮さるべきだろうが、これまでは彼の立場はほとんど無視されている。

大石内蔵助は、京都で酒色に溺れた時期があった。敵の目をくらますための、見せかけの遊蕩だとされているが、真山青果が「元禄忠臣蔵」で書いたように、浅野大学をもって浅野家を再興する嘆願と、仇討ちを遂行しようとする両立しない行為の果てに苦しんで、その苦しみをまぎらせるため酒色に耽ったのかもしれない。

ここでは、何が真実かを研究するのが目的ではない。また、夥《おびただ》しい各論、各説を掲げてその系譜を述べるのも、主意ではない。

「忠臣蔵」といえば、浅野浪人の復讐事件だが、今日も親しまれている。わたしは、「忠臣蔵」は日本を舞台にして、日本人がつくりあげたドラマではないかと考え、その主題に沿って「忠臣蔵」を見直したいと思った。

かつてこの復讐事件を、封建制度下の美談として捉えた時期もあった。忠国愛国の義士礼讃として人気を博したのは、明治期の軍国化へ走る国家政策と一体だったとみることができる。しかし平和の今日でもなお、「忠臣蔵」人気が衰えることがないのは、それが人間の〝愛〟に根ざしたドラマだからこそ、永遠性をもっているのではないか。

主従の愛、親子の愛、夫婦の愛――。その愛をはばむ社会体制の掟が厳然と存立し、反対者側にも相応の立場があると考えると、このドラマが単なる善と悪との図式的な分類ではなく、より深みを増し、身近に捉え直されてくるはずである。

「忠臣蔵」が、三百年を越えた歳月を経て、風化するどころか、ますます親近感をもつようになっているのは、仇討ちという集団行動をとった四十七士、その一人一人の生きざまがドラマチックであり、それを軸に家族、縁者にも関心を呼ぶからである。討たれた吉良側を、悪役ときめつけてよいのだろうか？　あるいは、〝不義士〟という芳しからざる脱盟者の汚名をうけた人びとはどうか？「忠臣蔵」に関わった、大勢の人間が織りなす、生きた姿を見つめ直してみたい、というのが長年の夢でもあった。

歌舞伎の「忠臣蔵」は、少年時代から繰り返し見てきたが、講談、浪曲、落語などに親しんで、虚説・俗説の面白さにも惹かれた。この魅力も捨てきれない。事実は、あっけなかったものが、次第に粉飾されていったのであろう。だから本書では、日本人の共有幻想として育てあげた虚説・俗説にも目を向けた。

歴史的真実は一つしかない。しかし、わたしたちがいま見るのは、「忠臣蔵」に詰めこまれた日本人の、さまざまな性格・運命・対立のドラマである。この広大な人間ドラマの魅力が、わたしたちを捉えるのである。

では「忠臣蔵」とはわたしたちにとって、何なのか。その前に、歴史を裏づける正史と、虚説・俗説に彩られたフィクションを表裏一体として把握する必要がある。

かくて、日本を舞台とし、日本人が俳優として演じてきたドラマ「忠臣蔵」の現代版が、開幕するのである。

藤田 洋

もくじ◎忠臣蔵大全

第五場 吉良邸討入り

第六場 討入り始末

第二幕　赤穂四十七士なにからなにまで！　113

第三幕　映画・芝居・ウラ話なんでもござれ！

本文イラスト・榾村 嘉一

第一幕
これぞ忠臣蔵！

第一場　刃傷松の廊下

★――“事件”の発端から切腹まで

時は元禄十四年――

元禄十四年（一七〇二）三月十一日、東山《ひがしやま》天皇の勅使・前大納言柳原資廉《やなぎわらすけかど》、前中納言高野保春《たかのやすはる》、父君霊元《れいげん》法皇の院使・清閑寺熙定《せいかんじひろさだ》の諸卿が江戸に到着した。

皇室が財政難で衰微していたその頃、五代将軍徳川綱吉《とくがわつなよし》は三万石を献上し、朝廷と幕府の関係はなごやかになっていた。朝廷からは、勅使・院使が江戸に下って、年頭の賀にやってくる。天皇家からのごあいさつの使者を迎えるのは、将軍家にとって晴れがましいものであった。

十二日、綱吉は正室（関白鷹司《たかつかさ》房輔の娘）とともに年賀をうけた。十三日には饗応の能の催しがあり、十四日は帰洛のあいさつに一行は江戸城に出向く。これに対して、将軍家からは綱吉、正室、三の丸の母桂昌院《けいしょういん》の贈り物が渡される予定になっていた。

このとき、勅使御馳走（接待）の役人に選ばれたのが浅野《あさの》内匠頭長矩《たくみのかみながのり》である。院使の接待役は伊予吉田の城主伊達《だて》左京亮《さきょうのすけ》であった。

高家《こうけ》として品川豊前守《しながわぶぜんのかみ》が任じられた。高家とは、幕府の儀式、典礼の職で、家柄もよく、宮中のことに明るく、有職故実を熟知した老巧者が適任という役職だった。

豊前守のうしろに、高家筆頭の吉良上野介《きらこうずけのすけ》が控えていて、諸事失礼のないように目くばり気くばりがなされていた。

十二日からはじまった儀式は、ことに念がいれられた。翌元禄十五年に、綱吉の生母桂昌院が従一位に叙せられたが、こうした破格の栄誉が得られたのも、朝幕の関係が親密だったことを示している。

桂昌院は三代将軍徳川家光《いえみつ》の側室であった。もとは京都の八百屋の娘（お玉）だったが、母が二条関白家の家司に再婚したとき養女になった。

伊勢山田の尼寺慶光院《けいこういん》で出家していた参議六条有純の娘お万が、三代将軍徳川家光に見染められ還俗して側室となり、お玉もそのお万の方について江戸に下った。そして、大奥に仕えるうち、家光のお手がついて、綱吉をもうけた。やがて綱吉が将軍の地位にのぼると、将軍の生母として一族、末葉にいたるまで出世した。まさに玉の輿だ。洒落ではない、ほんとうの話である。

四代将軍は家光の長男家綱《いえつな》が継ぐが、延宝八年四十歳で亡くなったため、綱吉がそのあとを継いだ。生母の出生が庶民だけに、喜びはひとかたならず、以後権勢を振うことになる。朝廷との蜜月も、桂昌院の影響が大きい。

松の廊下刃傷事件の〝真相〟

さて、幕府としては一月に吉良上野介が京に上り、将軍の年賀を申しあげ、そのお返しにきた勅使・院使はことのほかたいせつな客人だった。

儀式も終盤を迎えた十四日、留守居役の梶川与惣兵衛が書き残した「梶川筆記」にはこう記してある。朝八時ごろから千代田のお城に詰めていた。桂昌院のご用向きで、吉良上野介の指示をあおごうと探していたが、忙しくて取りあってもらえないまま、十一時ごろになった。中庭をへだてて白書院に上野介の姿がみえたので、与惣兵衛は坊主に命じるとともに、大広間を出て回廊式の松の廊下を進んだ。

　そこで二言、三言話しているところへ突然、浅野内匠頭が、

「このあいだの遺恨おぼえたか！」

と声をかけ、切りつけてきた。上野介の直垂《ひたたれ》は肩先を切られて血がにじんだ。振り向きざまに前頭部が切られ、眉毛にかかって血潮がパッと飛んだ。また二太刀ほど切られた。与惣兵衛は、すぐに内匠頭に飛びついて、大紋の装束を抱きとめる。おおぜいの侍も馳けつけて、取り押えられた。あっと叫ぶ間もないほどの、一瞬の刃傷であった。

江戸城本丸
松の廊下付近

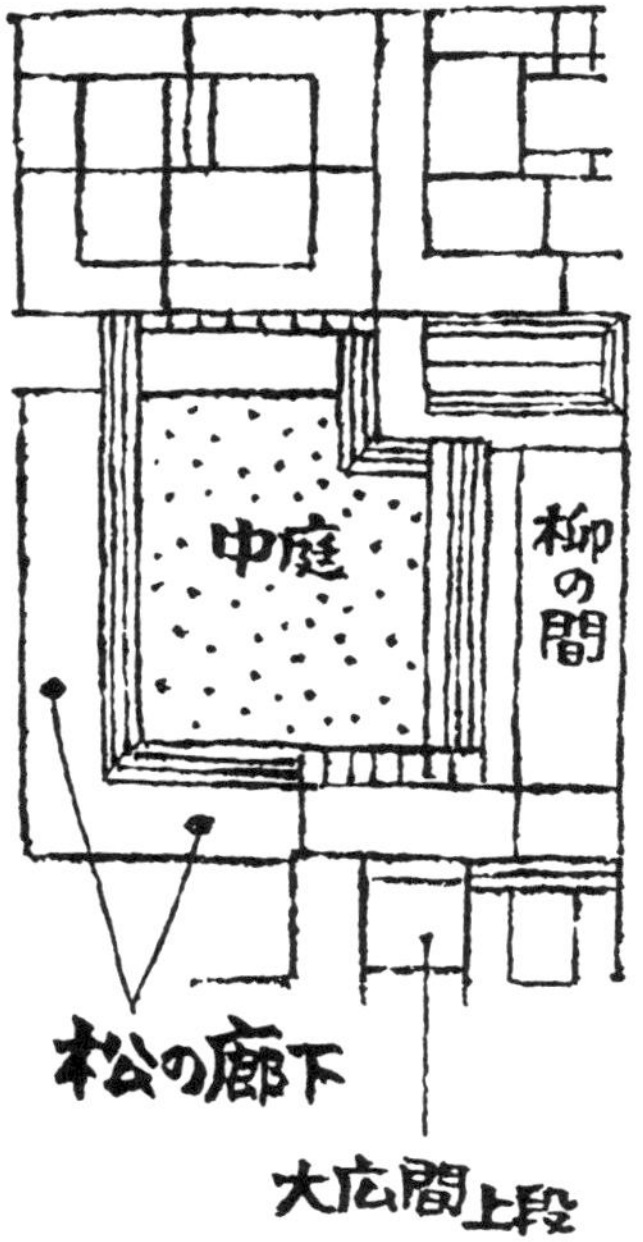

「殿中でござる」「お離しくだされ」……といったやりとりが果たしてあったかどうか？　誰もが覚えていないくらい、とっさの変事であった。おおぜいの男たちの駆ける足音が、殿中に響いた。

上野介は、品川豊前守と畠山下総介が引き起こして、医師の間にかかえられて運ばれた。

内匠頭の小刀は取りあげられ、風折烏帽子《えぼし》を落とした姿で、大広間の脇を通って、松の廊下とは中庭をへだてた反対側の柳の間の傍らに引きすえられた。

連れられていく途中、「上野介にはこのあいだじゅうから遺恨があって、是非なく打ち果たした」と叫んだが、たしなめられてだまった。

将軍綱吉は、この刃傷沙汰を聞くと烈火のごとく怒り、浅野は即日切腹、家禄は没収、吉良は刀に手をかけなかったのは神妙ゆえお構いなし、と命じた。

内匠頭切腹の〝下手人〟柳沢吉保

城中にいた人たちは、十七年前の貞享元年に本丸御用部屋の近くで、時の大老堀《ほっ》田正俊《たまさとし》が、兄正信の子で若年寄の正休《まさやす》に刺殺され、正休もその場で討たれた刃傷事件を思い浮かべたことだろう。その後堀田一族は冷遇されていった。

あのときは喧嘩両成敗のご処置であった。

若年寄からご沙汰を受けた目付のうち、多門伝八郎《おかどでんぱちろう》は「即日切腹というのはあまりにお手軽なご処置であるから、いま一度ご詮議願いたい」と申し入れるが、若年寄から老中に取り次がれ、柳沢出羽守保明《やすあき》から「将軍の命令であるから決まったとおりご処置をするように」という回答が届く。

目付として、将軍にじかにお思召を伺っていただきたいというと、柳沢はたいへん怒って、「執政の者が申しつけたことに誤りはない」と申し渡したという。

柳沢保明は、綱吉の側用人として信任が厚く、生母桂昌院の寵もうけて目ざましい出世をとげていた。元禄八年には駒込の松平加賀守の屋敷を拝領し、三万坪余のこの土地は、今日東京の名園「六義園」として残っている。

この年の十一月に将軍より松平の姓を賜わり、綱吉の一字をもらい吉保《よしやす》と名を改めたことをみても、権勢のほどが知れよう。

朝幕蜜月の〝演出者〟が柳沢出羽守であった。だから、将軍を諫めて喧嘩両成敗にすることなど、毛頭考えなかったろう。晴れの儀式を血で汚した罪は重い――将軍はそう考え、柳沢も当然そう思った。

〝五万三千石の浅野めが！〟

と内心はらわたの煮えくり返る思いがあったとしても、不思議ではない。
刃傷沙汰の報を聞いたとき、まず頭にひらめいたのは、儀式をどうするか、ということだった。

勅使、院使にお伺いを立てたところ、「勅答にはさしつかえない」といわれて、ホッと胸をなでおろした。接待役は佐倉の城主、戸田能登守にかわり、場所も白書院から黒書院にかえられて、つつがなく終わり、勅使、院使の一行は伝奏屋敷に引きあげた。

十五日、上野寛永寺、芝増上寺の徳川家の廟に参詣。十八日に帰洛した。

冷たかった田村邸の扱い

さて、蘇鉄の間の両隅に屏風を立て廻し、浅野内匠頭を目付の多門《おかど》伝八郎、近藤平八郎、吉良上野介を大久保権右衛門、久留《くる》十左衛門がそれぞれ取り調べた。

この報告書が、老中、若年寄で評議され、その意見を取りまとめたうえで将軍綱吉に上申された結果、内匠頭は一ノ関の領主・田村右京太夫屋敷にお預けとなり即刻切腹と命じられた。

いまの内幸町（西新橋）を、以前田村町と呼んでいたのは、この屋敷の名からおこっている。

若年寄井上大和守は、田村右京太夫を呼んで、内匠頭との縁籍関係をたずね、無関係と答えたのでお預けと決まり、すぐに平河門不浄口から青網をかけた駕籠で運ばれた。時は午後四時頃。田村邸では、一室に閉じこめられた。

当分のお預けかと思われたが、追いかけるように即日切腹のご沙汰がくだり、正使は大目付の庄田《しょうだ》下総守《しもおさのかみ》、副使は目付の多門と大久保が田村邸におもむいた。

日は暮れた。高張り提灯を並べた庭前に切腹の座がしつらえられた。

多門は、座敷で切腹させるのが武家の常法ではないかと抗議をしたが、正使庄田は容れなかった。のちこの処置を、本家の広島の浅野家から抗議されて、十九日庄田は大目付の役を解かれている。

内匠頭最期の言葉

この頃、内匠頭の側用人片岡源右衛門が駆けつけ、最後のお別れを願った。庄田は無言であったが、多門が「武士の情である」といい、正使も「思召し次第」といったので、さしつかえなしと認められ、上使の申し渡しの間、次の間から最後の対面をすることになった。

内匠頭切腹

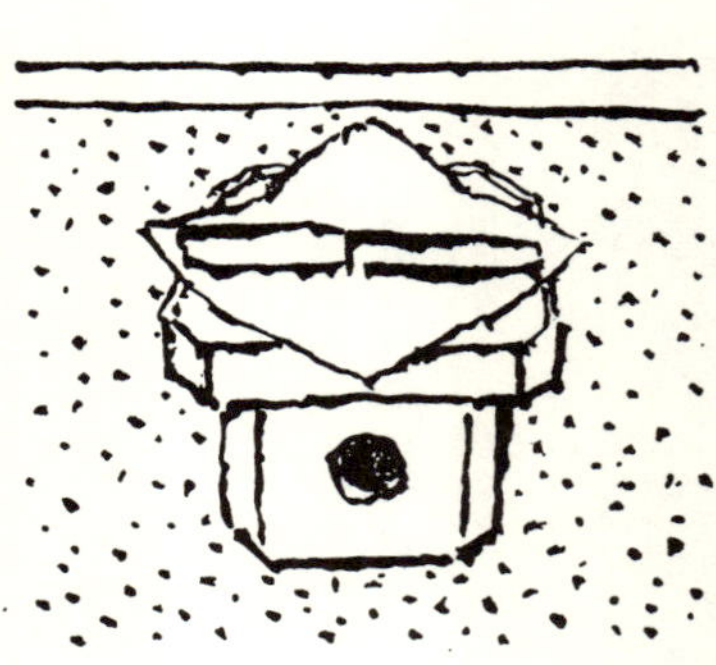

主従は、顔を見合わせ、たがいに目くばせをして、心のうちを通じることができた。

上使は、内匠頭に切腹のご沙汰を伝え、内匠頭はそれを落着いてお受けした。

内匠頭は最前から気になっていた質問をした。

「上野介殿はいかがなりしや」

いまわのきわの心残りであった。庄田は、傷の手当をして退出したと答えた。

「傷はたしか二カ所であったと覚えているがいかがお見分けていられるか」

とさらに問うたのに対し、多門と大久保が、「手傷は薄手のように聞いているが、
老人のことであり、とくに急所を斬られているから、あるいは覚束ないかも知れ

ぬ」と、口々に答えた。内匠頭は目に涙をたたえて、にっこりと笑った。

田村家の待遇は、暖かくはなかった。屋敷に到着して切腹まで二時間あまりの間、一汁五菜の食事を出しただけで、家人や家来への手紙は断わった。幕府のお咎めをおそれていたことが、ありありとわかる。

内匠頭の言葉を書きとめておいて、いずれお届けするのであれば差支えあるまいというのがぎりぎりの好意で、こうして、

「この段、かねて知らせ申すべく候之共、今日やむを得ざること候故知らせ申さず候、不思議に存ずべく候」

という言葉だけが残っている。

内匠頭は、切腹の座にいざなわれた。その途中、片岡源五右衛門と名残りを交わした。

白装束に水裃の内匠頭は、座につくと辞世の句を、短冊に認《したた》めた。

「風さそふ　花よりもなお我はまた
　　花の名残りをいかにとかせん」

検死に向ってあいさつをしたあと、前の短刀をとりあげて腹にあてると、介錯役の徒目付・磯田武太夫が首を落とした。享年三十五歳。切腹がすんで、田村家から

木挽町（東銀座）の弟浅野大学の許に遺骸をうけとるよう使者が立った。それから赤穂の浅野の家臣が出向いて、芝高輪の泉岳寺に運び、ひそかな葬礼が営まれた。

戒名は「冷光院殿前少府朝散太夫吹毛玄利大居士」、従五位下の位に応わしいものであった。

春、桜の散るこの一日は、長かった。

翌十五日、千代田城では、まるで何事もなかったように、桂昌院の観桜の宴が張られていた。

《忠臣蔵ミニ知識❶》

大手町には舟が走っていた　勅使・院使の宿舎は伝奏屋敷で、いまの大手町（和田倉門外）の東京銀行協会がその場所だった。浅野内匠頭も、饗応役としてここに泊りこんでいた。殿中で刃傷事件が起こったとき、原惣右衛門は浅野家の道具類を、小舟十数艘やとって、鉄砲洲の浅野邸へ舟で運ばせた。堀と川が縦横に走っていた当時の江戸市中は小舟が大いに利用されたのである。

吉良町誕生はごく最近　〝吉良〟というと敵役の代名詞になっているが、その本拠は横須賀村といった。尾崎士郎の小説『人生劇場』に出てくるのは、吉良の仁吉であり、三州吉良港であるが、この吉良というのは、三河吉良荘という古い地域名に由来している。吉良町が誕生したのは昭和三十年三月、横須賀村と吉田町が合併して町制がひかれたのである。

「忠臣蔵」はタブー

ついでに書くと、吉良上野介の領内では「忠臣蔵」は上演されなかった。ご領主さまを悪人に仕立てた芝居など、もってのほか——。

徹底比較・吉良上野介vs浅野内匠頭

★上野介は農民にまで愛される名君だった

事件の当事者二人の、家系と性格をみてみよう。

吉良上野介義央《きらこうずけのすけよしなか》（六十歳）。

先祖は清和源氏の正統、東条吉良の流れをくむ室町時代からの名家で、吉良若狭守義冬の子。三河国吉良に三千二百石、上野国に千石の計四千二百石の禄高を領した幕府の高家である。

徳川家康に取り立てられて高家となり、義央で四代目にあたるが、将軍の名代として年賀の使者に十五度、幕府の使者として九度、計二十四度も京都に上っている。自然、公卿との交際も多く、宮中とのつながりも強いところから、禄高こそ少なかったが、諸方からの贈り物は多く生活は豊かだった。

宮中への使者にたびたび立つくらいだから茶道や和歌のたしなみもあった。そんなエリート意識が、浅野内匠頭のような若い大名をいなか者とさげすむ態度になって、刃傷沙汰のタネになったのだろう。

寛永十八年、父義冬三十五歳の子として生まれ、十三歳で四代将軍家綱に初お目見得、明暦三年十六歳で従四位下侍従となり、上野介に任じられた。寛文三年二十二歳で従四位上、延宝八年綱吉が将軍職につくや、登用されて少将の位にのぼる。

「忠臣蔵」では敵役の筆頭だが、三河の旧領、幡豆郡吉良町《はずぐんきらまち》では善政を施いたよい領主として慕われている。

そのいちばんの功績は幡豆郡東北部の狭窄地帯に、九十間の堤を築いて洪水の難から領民を救ったことだ。この堤は黄金堤と呼ばれて、八千石の田地を守った。村人たちが、義央に感謝したことはいうまでもない。

上野介は、宗匠頭巾をかぶって、赤毛の駄馬にまたがり領内を巡回し、農家の庭先で茶を馳走になり、農民と語りあう――そんな人柄だった。〝赤馬の殿様〟とも呼ばれ、その赤馬が今日でも郷土玩具に残っている。

上野介の妻は米沢三十万石の上杉播磨守綱勝の妹富子で、十八歳のときの結婚だが、妻は一つ年上。綱勝が亡くなり、上杉家断絶かと憂慮されたが、上野介の子を養子にすることで、禄高半減の十五万石が認められた。これが弾正大弼綱憲《つなのり》である。

綱憲の子吉憲《よしのり》は上杉家を継ぎ、弟の義周《よしちか》は吉良家を継ぐべくわかれた。すなわち、義周は血筋からは祖父のところへ養子にいったことになる。上杉綱憲の妻は紀州大納言徳川光貞の娘・為姫、為姫の弟綱教《つなのり》の妻は将軍綱吉の娘・鶴姫である。

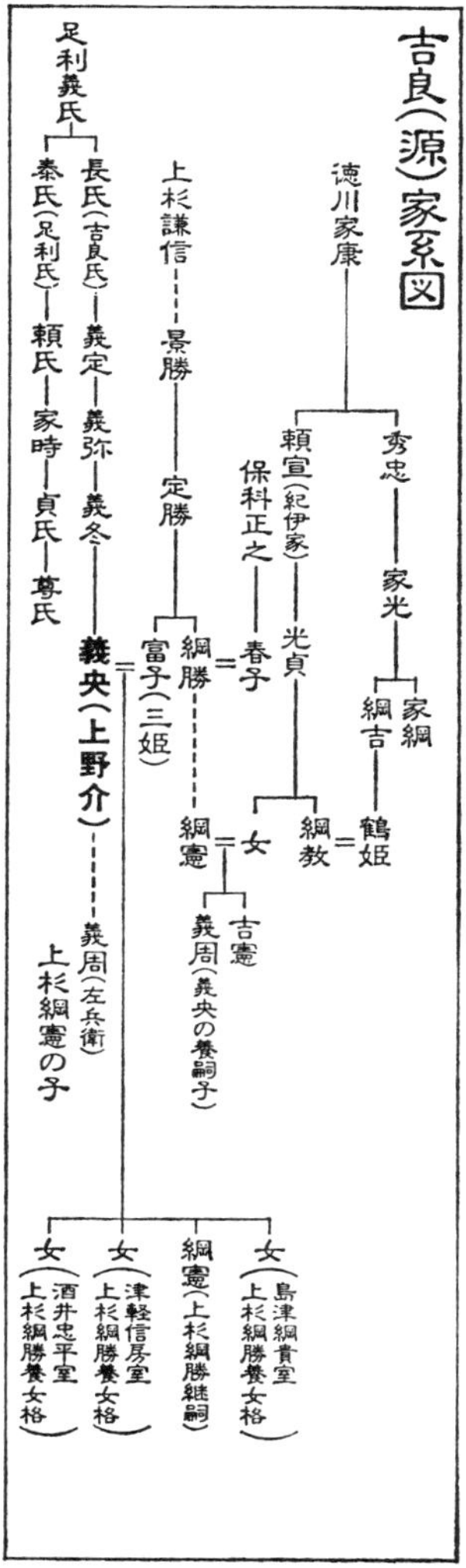

また、吉良上野介の長女は島津綱貴、次女は津軽信房、三女は酒井忠平に嫁いでいる。まことに華麗なる閨閥なのだ。

★播州赤穂のイナカ者

浅野内匠頭長矩《あさのたくみのかみながのり》（三十五歳）。

藩祖は豊臣秀吉の五奉行の筆頭であった浅野長政《ながまさ》。長政の長男幸長《よしなが》が歿したあと、次男長晟《ながなり》が広島の本家を継いだ。三男長重が笠間に五万三千石を領していたが、その子長直《ながなお》の代になって赤穂に転封された。「忠臣蔵」の主人公の一人長矩は長直の長男・長友の嫡子。つまり、赤穂浅野家にとっては長重から数えて四代目の世継ぎにあたる。

長直はなかなかの名君だったが、晩年に隠居するに際して長友に五万石、次男長賢は三千五百石で播州家原の浅野家を、三男長恒は三千石で若狭浅野家を立てさせた。

長友は相続五年で他界、その子又市郎（長重の幼名を用いた）のち長矩が、九歳で家を継ぐ。

長重の妻は松平家清の娘で、家康の養女として嫁しているから、浅野家は外様《とざま》でありながら譜代《ふだい》の扱いをうけることになった。

大名には、譜代と呼ぶ徳川家康の家臣であった大名と、外様と呼ぶ豊臣秀吉の臣下で、関ケ原の合戦で徳川が天下をとったあと服従した大名にわかれていて、禄高は低くても譜代のほうが要職につくことができたのである。

浅野家は、本家広島の四代目長治が別家を立てて、これを三次《みよし》浅野家と呼んだ。この長治の次女阿久里が長矩の妻となり、長矩の切腹ののち剃髪して寿昌院と号したが、本家から「昌」の字は桂昌院に憚りがあると注意されて瑤泉院《ようぜいいん》と改めた。

吉良上野介と浅野内匠頭の家柄、格式はこのように極端に相違していた。

★吉良は㊎、浅野は(ビ)

二人の相違を、さらに比較してみよう。

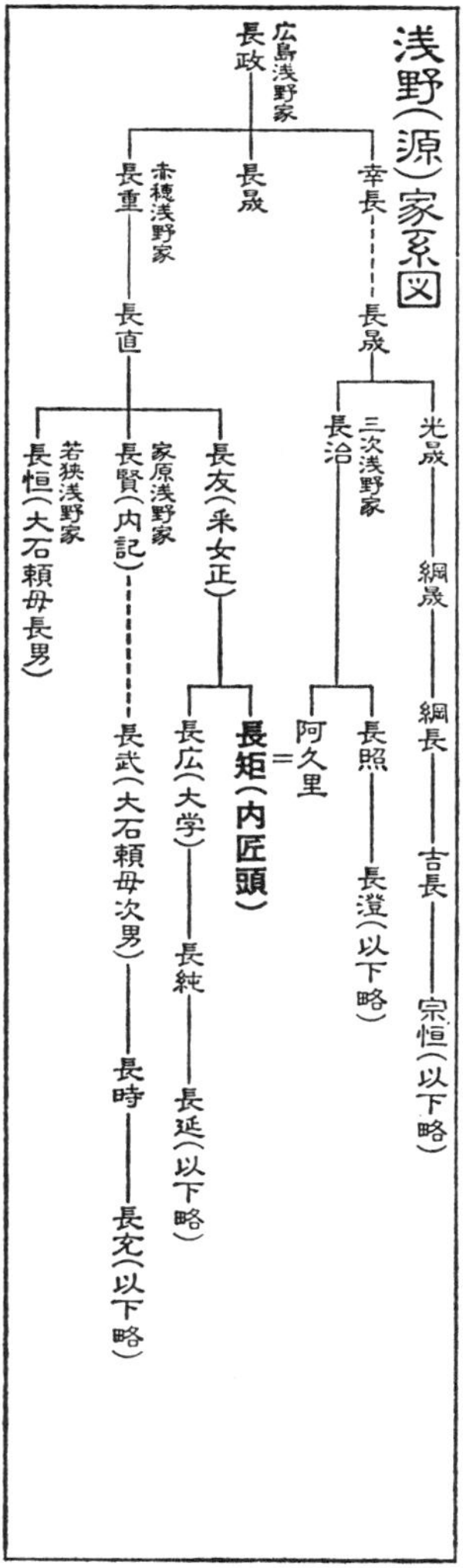

吉良家は四千二百石、浅野内匠頭は五万三千石。禄高からいえば十倍以上差がある。高家は老中の支配をうける旗本の身分、つまり吉良は旗本であった。浅野は、慶安元年（一六四八）に築城許可をもらって、十万石規模の海陸の防備を整えた苅屋城を築城している。

一見、浅野のほうが豊かにみえるが、実際はそうでもなかったらしい。

高家筆頭の立場から、諸方より賄賂をもらっていたのが吉良。それが当時は、仕事を円滑にすすめるための必要事項であった。

内匠頭が勅使饗応を命じられて上野介に挨拶に行くと、勅使に毎日贈り物をさしあげるようにと、賄賂をもってこいと謎をかけられる。内匠頭が老中に相談したところ、その必要はないといわれ、上野介は恥をかかされたと恨むようになったという説は、十分ありうる。

十七年前に四百両の饗応費用をつかい、今回は七百両であった。元禄八年の改鋳で貨幣価値が下がっているうえ、諸物価値上がりの状態のなかで、この金額はあまりにも少なかったという説も肯ける。

赤穂は塩田による収入があって裕福とみられているが内情は苦しかった。苅屋城の築城完成が寛文元年（一六六一）、その翌年には明暦の大火で炎上した皇居のうち、内侍所・紫宸殿・日華門など千五百坪余の造営をうけもっている。こうした出費が、内匠頭が家督を継いだあとまで影響して、浅野家の財政状態はよくなかったという。

吉良・浅野・大石の〝血液型〟を性格から探ってみたら

吉良上野介

自分の感情を率直に表現するが、天邪鬼の気があって妙に屈折したところをみせるので、性格を知らない者にはたまらない。

外づらが悪く、内づらがいい。執念ぶかいほう。

短所はわがまま勝手で、無礼。厚かましい。察しが悪いと、ぷんと横を向いたり、悪人ではないが好悪の感情をストレートに出すので誤解をうけることもあり、とかく自分本位だ。

＝B型＝

浅野内匠頭

表面はソフトだが、なかなかシンが強くて頑固なところがある。我慢を重ねていって、最後のところでバーンと爆発する。

いつもは礼儀正しく、折り目けじめもしっかりして、責任感も強いけれど、同時になかなかプライドが高く、負けることも大きらい。そして、案外気が小さいところもある。使命感、道義心が高く、ふだんは思いやりがあるのだが。

＝A型＝

大石内蔵助

自分の感情を抑えて、おとぼけもなかなかうまい。年齢が高くなってくると、自己主張が強くなっていき、思わぬバイタリティーをみせる。

目的がはっきりしてくると、その実現達成のためには耐久力もあり、なりふり構わず努力をするタイプ。

よい意味での野心もあり、実際的なしっかり者で、政治意識ももち合せている。

＝O型＝

★テレビでみるのとは大違いだった二人の性格

上野介に関しては、意地の悪い、老獪な老人というイメージができあがっている。しかし領地の三河では、教養豊かな名君で、華蔵寺に安置されている木像のように温厚柔和な人間的なやさしい政治家であり、幕府の高官――となる。

綱吉――柳沢吉保――吉良義央と、こう並べて共通するのは、宮中とのパイプをより太くしていこうとする朝幕密着を中心に考えている点だ。官僚主義といえるタイプ。

内匠頭は、祖父長直が千石の高禄で招いた山鹿流軍学の山鹿素行について、弟の長広とともに学んでいる。質素な生活のなかで剛健の気風を養っていくことを心がけていた。一本気の気性でもある。

それが江戸城にくると、賄賂の授受や朝廷へのおべっかをみせたみえみえの馴れあい。権力への追従。長矩にとっては性格的に順応しにくいところにもってきて、精神的にもかなり抑圧されていたろう。

九歳で大名になり、なに不自由なくわがままに育ち、純粋性というか潔癖な性格は、そうしたものを我慢できない。勅使饗応の三日目になって、発作的に暴発して刃傷沙汰を起こしたのであろうか……。

吉良上野介を斬りつけたのはなぜか

★内匠頭には〝発作的兇行〟の血が流れている

内匠頭の母は鳥羽の城主内藤飛騨守忠政《ないとうひだのかみただまさ》の娘。延宝八年その弟内藤忠勝《ただかつ》が、芝増上寺の四代将軍家綱の法要の席で、宮津の城主永井信濃守尚長《なおなが》を刺殺し、翌日切腹、内藤家は改易となっている。叔父さんの発作的兇行の血が、内匠頭にも流れている——。

★天皇譲位での対立

浅野長直が心をつくした禁裏御造営は、第百十一代後西《ごさい》天皇の御世であった。たいへんすぐれた天皇であったが、皇居炎上、伊勢神宮の火災、大地震、兇変などが相次いだので、幕府は吉良義冬・義央父子を通じてご退位をすすめ、十歳の皇弟霊元天皇の即位を実現させた。後西天皇の前の後光明《ごこうみょう》天皇は、鋭い性格であったため、若くして亡くなったのは幕府の毒殺かと噂が立ったが、幕府は天皇を意のままに操れるように仕組んだのではないか。長直が、後西天皇につくしたのが、かえって裏目に出て、とかくぎくしゃくの種をこしらえた——。

★製塩法をめぐる争い

三河の吉良でも古くから製塩が行われていた。饗庭《あいば》でとれる饗庭塩が信州方面に売られていたが、この頃になると瀬戸内海沿岸の入浜式塩田に押されていた。そこで、吉良家では浅野家に製法を伝授してほしいと頼むがにべもなく断られる。そこで、勅使饗応の作法について〝いじめ〟をやった——。

★吉良上野介の〝いじめ〟に勘忍袋の緒が！

こうした遠因・原因をひっくるめて、刃傷の直接の引き金になったのは、やはり上野介の内匠頭に対する「いじめ」であろうか。

勅使饗応役を拝命したとき、内匠頭は月番老中秋元但馬守から「御馳走が重くなっているので、吉良殿と相談して軽くするように」と注意されていた。そこで、上野介と相談しようとしたが、上野介が京都から戻ってきたのが二月二十九日。

内匠頭は、一度務めていることでもあり、これまでの勅使饗応の記録を調べて、大丈夫だと楽観したのかもしれない。万事に指導を仰がねばならぬ上野介を差しおくところが出て、へそを曲げられてしまう。

十四日、早朝から忙しい城中で、「昨日の通りの格式でお迎えしたらよいのでしょうか」と

いったとき、上野介は「いまさらこの場になって、途方もないことをいう。それで御馳走役が務まるか」と声高にいって、笑いながら立ち去る。内匠頭の勘忍袋は、いっきに破裂し、「このあいだからの遺恨おぼえたか！」と叫んで切りつけた——という具合だ。

★諸説紛々、こうして吉良は浅野をいじめた

講談では、吉良は一方的に悪者、浅野は短気な善人という性格わけで物語を仕組んでいる。いくつか紹介してみよう。

•原因は鰹節一箱　浅野家では吉良に賄賂を贈らなかった。江戸家老の藤井又右衛門と安井彦右衛門が、鰹節の箱を手土産にしたが、箱のなかにもし小判を入れておけば、五万三千石は潰れなかったろう。欲の遺恨でいじめがはじまった。鰹節ではなく、巻絹一巻という説もある。

相役の伊達家は三万石と、浅野家より禄高は少なかったが、加賀絹巻、黄金百枚、狩野探幽筆の「竜虎」の対幅を届けている。上野介は、これでカーッと怒った。

殿中に狩野元信筆の竜虎の屏風を置いたが、上野介に「公儀の大礼墨絵は不吉千万」と袴を蹴立てられる。内匠頭はこれをじっと我慢した。

•徹夜の増上寺畳替え　勅使の宿坊は芝・増上寺。吉良家へ畳替えの件を問合わせると、その必要はないという返事。ところが伊達家では畳替えをしているという情報がはいる。替えねばならぬ畳は二百枚。片岡源五右衛門が家臣を江戸市中に走らせて、畳職人を狩り集め、一晩徹夜で畳を替えさせる。二百枚目を仕上げたときは夜が白々と明けていた。

●**生物料理《しょうぶつ》が精進料理**　勅使饗応のお料理の献立を問合せると、花山院殿崩御の忌日であるから、精進料理をもって饗応するようにと指示される。これを聞いた堀部安兵衛が、これはお指図違いではないかと気づき、騒ぎはじめる。「しからば魚類と精進と二通り用意すれば落度はなかろう」と内匠頭の命令で当日城中に持っていく。

吉良上野介、料理を見るなり「晴れの饗応に精進とは忌わしい」と膳部をひっくり返す。「精進というお指図だったはず」というと、上野介は「料理に粗忽《そこつ》があってはいけないので生《しょう》物《ぶつ》料理といったのだ」とうそぶく。内匠頭はすこしも騒がず、魚類の献立の膳を並べて鼻をあかした。

●**裃と大紋**　着服を問合せると、麻裃《かみしも》だという答え。家老は吉良殿の指図に間違いのあろうはずはないというが、内々伊達家に聞くと烏帽子大紋という話。

そこで翌日、両様の用意をして麻裃で登城すると、表坊主が駆けてきて「お服違いでございます」。内匠頭はさっそく烏帽子大紋に着替え、上野介に詰め寄るが「麻裃と指図した覚えはない」と憎々しげにいう。

●**寵童を譲ってもらえなかったうらみ**　内匠頭が寵愛している美男の右近を上野介が見染めて、

譲ってほしいと頼むが、にべもなく断られる。ところが大老堀田正俊が所望したらあっさり差出した。このときから、上野介の内匠頭への恨みが、ことごとにはじまっていった……。

――以上の諸説、ほんとうらしく見せかけてはいるが、眉つばものばかりである。

では何が真の原因か。これは、今日となっては憶測の域を出ないのが実情だ。

「忠臣蔵」題名の由来

「仮名手本」は、いろは仮名四十七文字が、討入りの人数とぴたり符合するところから、この題名がつけられた。寺小屋の習字帖と〝忠臣〟のお手本という意味をふくませている。

忠臣蔵の蔵は、芝居では「太平記」の物語に仮託しているから大星由良助だが、実説のほうは大石内蔵助であるということを言外に匂わせている。

井原西鶴は「日本永代蔵」を書き、先行作の歌舞伎の外題に「豊年永代蔵」があった。

その連想も働いていたのだろうが、「忠臣蔵」が名作であったために、その後の題名にもしばしば蔵の文字が入れられるようになった。

けだし、「忠臣蔵」とは言い得て妙な、卓抜した題名ということができる。

第二場

昼行燈・大石内蔵助

★――赤穂騒然、城明け渡し！

的確だった藩札交換の処置

江戸城松の廊下の浅野内匠頭の刃傷は、片岡源五右衛門が鉄砲州浅野家上屋敷に急報した。城内の御処分はわからない――その日、内匠頭の舎弟大学長広《ながひろ》は焦立った長い午後を過ごしたにちがいない。

夕方になって田村邸へお預けという情報を入手したので、まず国元の赤穂へ第一報の急便を立てた。早見《はやみ》藤左衛門、萱野《かやの》三平の早駕籠は、東海道から山陽道へかけて百五十五里の街道をひた走った。浅野大学が自ら書いた刃傷の顚末と、老中から騒動を起こすことを禁じるご沙汰を伝えた書状をしっかりと腹にくくりつけて。

この手紙の追伸に「札座」（藩札）のことが触れられている。赤穂で発行している紙幣は、お家改易になれば一文の価値もなくなる。そうした混乱を未然に防ぐようにという指示なのだ。

早駕籠は、十九日の早朝赤穂に到着した。江戸城の兇変を知って、大石内蔵助はすぐに在藩の家臣二百数十名の総登城を命じた。そして大学からの書面を読みあげ、軽挙妄動を慎しむようかたく戒めた。

江戸で何が起こったのか、まだ情報はすくない。

第二の使者は、夜の九時頃に到着した。原惣右衛門《そうえもん》、大石瀬左衛門《せざえもん》である。広島の本家浅野家からの正式の書状が分家浅野長恒（内匠頭の叔父）、浅野大学、戸田采女正《うねめのしょう》（同従兄弟）の連署で届いた。そこで、内匠頭の即日切腹、領地没収、家名断絶の処分がはっきりした。

ただし、吉良上野介の傷の程度やご処置については、不明のままである。

家老大石内蔵助は、主君の舎弟大学が第一報で書き送ってきたように、藩札の引換えを急がなければなるまいと、その日のうちに広島の本家へ使者を立てて現金の借り入れを頼んだが、藩主浅野綱長が江戸詰のために、用立てられなかった。しかし、金奉行・札座奉行・勘定奉行が集まって、城中の金をやりくりし、一対〇・六の割で回収することにした。

まかり間違えばただの紙片になる藩札が貨幣と交換され混乱は防がれた。

九十七人が仇討ち連判に署名

翌二十日、家臣は再び総出仕を求められて第二の使者の報告を聞かされた。お家の断絶は明らかだ。領地を没収され、浪人となる運命に見舞われて、論議はけんけんがくがくとなった。

吉良上野介はどうなったか……。江戸からの飛脚も触れていない。生きているのか、死んだのか。そんな不安のなかで、大石は多川《たがわ》九左衛門、月岡《つきおか》治左衛門を使者に立てて、江戸に向かわせた。

江戸の在番家老、藤井又左衛門、安井彦右衛門は、大石からの〝浅野大学をもって浅野家を再興したい〟という嘆願書をみてびっくりした。戸田采女正も、謹慎中の大学も大反対した。綱吉将軍と柳沢吉保の怒りを思えば、どんな災難の種にならないともわからない。

そのころ、刈屋城受取りの正使荒木十左衛門、副使榊原采女の一行は赤穂に向かっていた。ちょうど大石の使者が江戸に到着する前に、目付の行列は出発していたのである。この一行が四月中旬に到着するという噂は、赤穂にも知らされた。その上使を迎えて、開城するのか、籠城して決戦するのか、あるいは城門前で一同切腹して浅野家再興の嘆願をするのか、決議はまとまらない。

三月二十八、九日の両日、城中で大評定が行われるが、議論の決着はみなかった。四月五日には、藩士へ分配金が支給されている。禄高百石以上は十八両、なお百石増すごとに二両ずつ加算する。身分の低い者ほど高率に配分され、家中一同に十二月まで切米（給米）を渡すという温情のある処置がとられた。

江戸詰だった堀部安兵衛、奥田孫兵衛、高田郡兵衛らも続々と帰ってきた。

一方大石は、自分と生死をともにする同志に神文誓約を出させた。その数六十人をこえる。開城のとき、城門前で切腹しようと覚悟した人びとだ。

赤穂の浅野家の家臣は約三百人。そのうち、最初の仇討ち連判に加わった者は九十七人。家臣の三分の一であった。江戸、京・大阪在住の者が帰藩し、百二十人にまでふくれあがったが、それぞれの理由と事情によってやがて脱盟する。

十一日、江戸に使者に立った多川と月岡が戻ってきた。大石の嘆願書を渡す相手の目付が、すでに出発していたこと、江戸家老をはじめ、戸田采女正や浅野大学

も、もってのほかと反対であったことを報告する。
いま嘆願しても、浅野家再興は見込みがないことが明白になったわけだ。一同揃っての殉死も無駄におわると考えなければなるまい。
籠城して決戦か——。これも幕府の大軍に囲まれたら、敗戦は目に見えている。残るのは開城のうえ、浅野大学をもってお家再興を願い、それが叶わぬときは吉良上野介への復讐を決行しよう……。
大石の気持ちは、周囲の状況とにらみあわせて、すこしずつ変化してきた。

無血開城を決意した大石の心境

十二日に大野九郎兵衛とその子郡右衛門があわただしく逃亡した。

ことここに至って、いったん血盟をかわした大石と同志の人びとは、切腹をとどまって、おとなしく城を明け渡すことにした。江戸からきた強硬派も、ついに説得された。

それには、浅野家の親戚中からの慰撫状や使者の口上が影響をあたえた。浅野諸家が反対しているのに、反抗することはよい結果を生むまい、と判断されたのである。

大石は、「開城であろうか」と眩いた。

八年前の元禄六年に、備中松山五万石水谷出羽守が嗣子がないままお取潰しになった。主君浅野内匠頭が受城使を命じられ、翌年に大石が先乗りに出発して、みごとにこの大役を果たしている。〝あの時は、どうであったろう〟。大石は目をとじると、情景を走馬燈のように思い浮かべた。

――いったんの血気で誤まった行動に走るべきではない。

師の兵学者山鹿素行の農兵主義を基調とする質実の思想を大石は噛みしめた。

〝町人、百姓の藩札引替えも無事にすんだ。家臣の退身割賦金（退職金）も支払った。あとは、この身と同志の者たちが、どのように身を処するかだ〟

〝早まって結論を出してはならぬ。状況は、開城せざるを得ない。となれば、後日に非難をこうむらぬよう計らうのが上策であろう〟

こうして、四月十五日、遠林寺へ事務をとる場所を移した。

引継ぎの際に必要な帳簿や書類もきちんと整理しておかねばならず、また城内の清掃も念入りにしておく。大石は、すべてに手落ちのないように指示し、目を配った。

十八日、江戸からきた目付の荒木と榊原は代官・石原新左衛門、岡田正太夫を連れて、城内を下検分した。浅野側では、大石と奥田将監が案内に立った。大石は、目付の二人に、金之間で休憩している間も含めて三度、舎弟大学をもって浅野家再興を嘆願しているが、確とした返答はもらえなかった。

帰宿した目付は、改めて大石を旅宿に呼び出し、万端疎漏がなかったことを賞め、嘆願のことは報告すると伝えた。

十九日の夜中に、脇坂淡路守、続いて木下肥後守が赤穂に到着した。赤穂城は脇坂家が在番（管理）する。

「事件」は終わった——

　脇坂は、四千五百の兵を率いてきていた。また周辺の諸藩も不慮の出来事があれば、即刻出陣できるように警戒していた。広島の本家浅野家をはじめ、親戚からも重臣が赤穂に詰めていた。万が一にも事件が発生すれば、お咎めが自分のほうにも及ぶこと必至だから、開城の手続きが無事にすむまでは、気が気ではない。

　脇坂は隣藩、播磨の龍野の城主五万三千石、木下は備中足守《あもり》二万三千石。その養女は若狭浅野家・長恒の妻である。

　目付荒木の先導で、脇坂の兵が大手門を受け取り、榊原の先導で塩屋門口を木下の兵が受け取った。浅野家の家臣と受城使の兵とが、次々と交代していった。

　目付と代官は領内を廻って治安に動揺がないかどうかを見きわめ、五月十一日に江戸に帰った。それまでに、脇坂・木下の収城使はもちろん、浅野の縁籍の家臣たちも、それぞれ帰国している。

　浅野の家臣には、十八日に「三十日以内に退散」すべきことが触れ出されている。

　内匠頭刃傷、切腹ではじまった浅野家の悲劇的ドラマは、こうして第一幕が無事に幕を下したのである。赤穂は、再び平静を取り戻し、いっさいの残務整理の終わった大石は、下男八介の在所・尾崎村にしばらく住みついた。このとき左腕に疔《ちょう》ができたという。

六月には物頭役進藤源四郎の手づるで京都山科に土地屋敷を買って移り住む。但馬豊岡の実家に預けた妻子四人も引取った。

広島の浅野本家の用人井上団右衛門は、大石の差配はみごとなもので、申し分なかったと報告した。大石には、その広島の本家をはじめ諸方から仕官（再就職）の打診があったが、すべて辞退している。

浅野大学は閉門中。長矩の奥方阿久里は剃髪して瑤泉院《ようぜいいん》となり、南部坂にある実家三次浅野家の隠居屋敷に移った。

そして相手の吉良上野介は、呉服橋内から本所松阪町（回向院裏）の松平登之助の明屋敷に、屋敷替えを命じられた。

こうして、静謐のうちに不安をはらんで、第二幕が開幕することになる。

《忠臣蔵ミニ知識❷》

吉良、浅野双方にある花岳寺

赤穂にある花岳寺は曹洞宗に属し、浅野家の初代藩主長直が寛文三年に創建した寺院。台雲山と号す。浅野家の菩提寺になっている。一方、吉良家の領地にある岡山花岳寺は、徳川家康以来歴代将軍が寺領を寄進している古い歴史がある。

浅野と吉良の両家に同名の寺があるのは偶然か、因縁か。

大石内蔵助・タテヨコ斜め読み

★昼行燈か天下の器量人か？　俗説の真偽をさぐる！

大石内蔵助良雄。「昼あんどん」とあだ名された。昼間のあんどんは光らない。とらえどころのない人物、ぼんやりしている男という意味をこめた、あまり良い表現ではない。

●「人物」を見抜いていた伊藤仁斉

俗説のエピソードはいろいろある。

若い頃、京の伊藤仁斉の門に学んだが、いつも居眠りをしているので門弟が悪口をいった。これを聞いた仁斉は、「あれはなかなかの人物だ」と、その将来を見抜く——。

●奇計で、主君に薬を飲ませる

大石は幼名を池田久馬といった。池田玄蕃の次男（大石内蔵助の父・大石権内良昭は、備前池田一族の天城の池田出羽守の娘を娶った。家督相続する前に父権内が病死したので祖父良欽《よしたか》の養嗣子になって、大石家を相続した）で、大石頼母《たのも》の養子になったという。

学問好きの主君池田宮内大輔《だいふ》が病気になるが薬を飲まない。久馬は論議を仕掛けて主君を怒らせ、息切れしたところ湯と称して薬湯を飲ませたので全快。かえってお賞めにあずかる。

●大石山鹿送りのエピソード

兵学の大家山鹿甚五左衛門素行の「聖教要録」が幕府の忌諱《きい》に触れて浅野内匠頭にお預けとなる。素行を奪回しようとする門弟を向こうに廻して、大石一人、堂々と弁じて無事に江戸から赤穂まで護送する。この話は八歳のときのことだから講談のフィクションだが、素行が赤穂にいるあいだ影響をうけたことは十分にあり得る。

●酔いどれをこらしめる

二十八歳のとき、江戸の花見の最中、酔いどれの三人の武士にからまれたのを見事に打ちのめし、その手際に惚れこんだ但馬豊岡の京極家の家来石塚源五兵衛の娘およしと婚礼をあげる。

●受城便の大任

松山城受取りにおもむいて、城代鶴見内蔵介と対面、説得が利いて無事に大任を果たす。

——などなど、虚実取りまぜて今日に残っている。

★大石内蔵助の身上調書

大石家は、赤穂浅野家では名家と知られている。内蔵助良雄は筆頭家老を勤めて千五百石の高禄をもらっていた。

先祖をたどると平将門を討ち取った藤原秀郷《ひでさと》で、近江国栗太郡大石荘にあって下司職を司どっていた豪族だった。応仁の大乱にいったん没落したが、小山久朝を迎えて再興。その後足利義昭に仕え、豊臣家の代には小早川秀秋の付家老山口玄蕃頭に仕え、関白秀次が太閤秀吉の忌諱に触れると浪人するなど、家は常に断絶の危険と隣りあわせていた。

新しい大石家の祖は、小山久朝。その後大石家を再興し、弾左衛門朝良の子平佐衛門良定の嫡男兵左衛門一定が浅野采女正長重の家来となって、大坂夏の陣に討死。朝良の次男良信の子良勝が僧侶になるのをきらって脱走、江戸へ出て還俗して浅野家に仕えた。大坂冬の陣（慶長十九年）、翌夏の陣（元和元年）に手柄を立て、主君が笠間五万三千石の頃にしだいに重用され家老職千五百石に取り立てられた。

良勝の子が内蔵助良欽で浅野の長直・長友・長矩の三代に仕えた。良欽の弟頼母良重は長直の娘と結婚し、その子長恒は若狭、長武は加東郡の浅野の分家となっている。したがって、浅野と大石は主従ではあるが、いっぽうでは親戚の間柄なのだ。

内蔵助良欽の長男権内良昭の妻は、池田家の家老池田玄蕃の娘で、二人の間に、嫡男良雄、次男大西坊専貞・三男良房をもうけた。父権内は家督相続以前に病死しているので、祖父の嗣養子となった。そうしなければ家は断絶する掟だったのである。

良雄は祖父が亡くなった十九歳のとき家督を継いだ。延宝五年（一六七七）である。元禄十四年の兇変までの二十四年間に銘記された〝事件〟といえば、すでに触れた元禄六年の松山城受取りまでの大役しかない。

かつて、八歳から十七歳まで山鹿素行の教えに接し、京都遊学のときには伊藤仁斉の門に入り、剣術は讃岐高松の奥村権左衛門に学んで免許皆伝の腕前である。

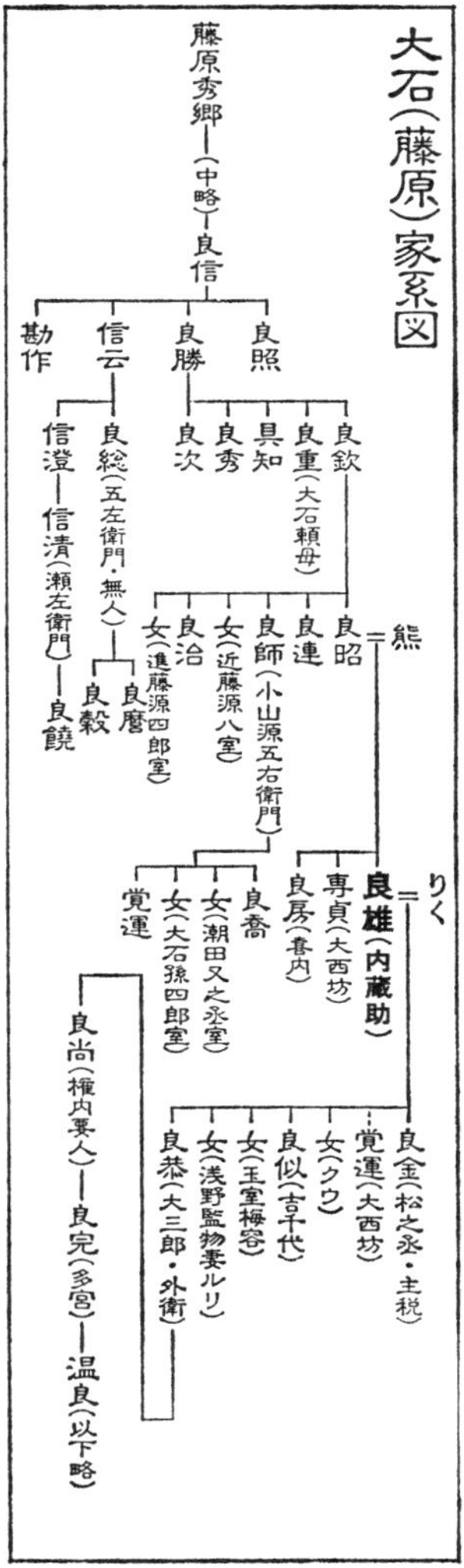

事件が起こらなかったら、家臣を統率しながら、質実剛健の藩風を守り、筆頭家老の職を全うしたにちがいない。

★父が偉大すぎた男の悲劇・大石大三郎

大石りくは但馬京極甲斐守の重臣、石束《いしづか》源五兵衛の娘で、十代で内蔵助に嫁した。講談にある内蔵助の武芸に親が惚れこんだというのは俗説であろう。しかし、武家同士の良縁であったことは間違いない。

名前は、リク、陸、理玖、りくと記されて一定しないが、ここではりくとする。夫とは十歳以上も年齢のはなれた妻であった。三男二女をもうけた。

長男は仇討ちに参加した大石主税、次男は吉千代、三男は幼名大三郎で知られる外衛《そとえ》、長女はクウ（久宇）。

このほか、次女ルリ（留利）は父の叔父にあたる進藤源四郎の養女になり、別に四歳で夭折した妾腹の娘や、妾おかるの生んだ男子もあったという。

りくは妊娠したが、山科は男世帯で不自由だから、豊岡の実家で分娩させてほしいと、内蔵助は舅石束源五兵衛に手紙を出し、りくが里帰りするときは離縁状を持たせた。こうして、実家に戻った妻が、夫と伜の仇討ちから切腹の報をどう聞いたか、つまびらかではないが、賢女のきこえはたかい。

次男吉千代は仇討ち決行前に出家して祖錬元快と称していたが、七年後の宝永六年若冠十九歳で他界している。長女クウも宝永元年に十五歳で早世した。夫の死後剃髪して香林院と号したりくにとって、養女にやったルリが浅野一門の監物に嫁して二男四女をもうけたことが、大三郎の出世とともに、何より生きる歓びであったろう。

元文元年（一七三六）、六十八歳で歿。

内蔵助の嫡男・主税は元服して仇討ちに参加した。くわしくは「四十七士」の項に譲る。

大三郎はついに父の顔を見ることがなかった。元禄十五年七月五日の誕生。この頃、内蔵助は山科にいて仇討ちの準備を着々とすすめていた。お触れで禁じられていた仇討ちを決行すれば、一家へのお咎めは必至と予測されたが、吉千代は出家していたし、大三郎は累の及ばぬように丹後の知人に預けられた。のち、綱吉の薨去による大赦で、刑をまぬがれた。

大石無人《むにん》の子良麿と三平が奔走して、大三郎は十二歳で本家広島の浅野家に召し抱えられ、父と同じ千五百石の禄高を与えられた。十六歳で元服、名も代三郎、ついで外衛良恭《そとえよしやす》と改め、六十九歳で歿するまで仕えた。

身体が丈夫でないせいか、性格も因循で評判がよくないと母を心配させている。本家浅野家が高禄を与えたのは、父内蔵助の忠義を賞美してのことであった。そのことが、大三郎の心の重荷になっていたのかどうか。三度離婚しているこの男の心情をうかがい知ることは、むづかしい。

元禄サムライ経済事情

★「浪人」になったらどうするか？

徳川の天下になって八十年あまり経ってみると、世情人心ともに安定した。元禄時代は農・商・工が発達し、士（武士）階級は経済的に逼迫していた。

大名家ですら、藩財政を維持するために商人や両替商から借入れることが多かった。天下の台所と呼ばれる大坂には、大きな両替商や豪商がいて、大名貸しをしていた。大名貸は利幅は少なくても金額が大きい。ただ改易にでもなると取りはぐれる危険もあった。

綱吉の治世下に、取り潰しまたは減封を命じられた大名は四十六家百六十一万石、旗本百余家にのぼっている。

主家を失った武士は、浪人になる。扶持《ふち》を離れた侍は、べつの主君に再仕官するか、細々とした生活の道を考え出さねばならなかった。侍にできる仕事は、手習い学問、武芸指南、髪結い、刀研ぎ、武具の繕い、百姓、版下の絵描きなどなどだ。

天和三年（一六八三）、綱吉は「武家諸法度」を改定した。いわゆる慶安の乱と呼ばれる由井正雪の事件のもとになった浪（牢）人の不満を解消すること、養子法の緩和が主目的だったというが、初代家康の時代に定められた文武弓馬の道という戦闘的な武家の倫理から、五代綱吉によって忠孝礼節という文の倫理への転換をこれは意味している。

第一条に、「文武忠孝を励まし、礼儀を正すべきこと」とうたわれている。武士の在りかたが、変わらざるを得ないような社会の変動がその背景にはある。

★「武士道」よりも「生活」が先

長矩の祖父浅野長直は、兵学者山鹿素行を千石で招いた。藩士に文武の道を講じ、七年十カ月もの間浅野家に仕えたのである。その後、「聖教要録」が幕府のお咎めをうけたときも、赤穂にお預けになっている。その影響から、武士道の本義をわきまえた武骨さが藩の気風として色濃く投影されている。

赤穂の浅野は塩田による利益で藩の財政はうるおっていたが、その基盤があって、一方では武士は武をもって立つという戦国時代からの遺風をうけついでいたのである。

いっぽう、幕府は「武家諸法度」の改定にもみえるように、経済優先の政治の時代ゆえに、武家制度をゆるめ、強藩の力をそいで幕府一本化への方針を打ち出そうとしていた。

当然、武士の生活は苦しくなり、暮らしていくためには武士道の威厳など、かなぐり捨てなければならなくなった。

大坂の両替商や豪商から借金をするためには、蔵屋敷の用人たちは、紅燈の巷で接待にはげまねばならなかったし、歌舞音曲も心得ていなければ交際に支障をきたすこともしばしばだった。町人が財布をしっかりとにぎると、武士とはいっても、町人のペースに合わせる必要が出てくる。

★仇討ちは就職運動だった!?

その反対に、武士にとって捨てることができない誇りと意地もあった。時代が移り変わっていくときに起こる矛盾が、ここで大きく頭をもたげたのである。

赤穂浪士の仇討ち事件は、藩風に残った武士道本来の姿を示したものだというのが、基本的な考え方だが、浪人たちの復職のための示威運動だったという説も、なかったわけではない。

礒貝十郎左衛門が酒屋、大高源五が笹売り、岡野金右衛門が米屋の手代、潮田又之丞が船頭、杉野十平次が夜蕎麦《そば》売り、勝田新左衛門が大根売り、富森助右衛門が小間物屋、三村次郎左衛門が薪割り屋と、身をやつして仇討ちの機会を狙っていた俗説は、浪人の暮らしがいかにきびしいものであったかを裏付ける。

正業につかない浪人は、切り取り強盗を働く者、悪事に走る者も大勢いた。

もはや「武士道」がすたれかけていた時代に、赤穂浪士の仇討ちは、平和に酔い痴れていた人たちの目をパッと醒まさせるようなショックを与えたのだった。

内蔵助のふるさと・播州赤穂

★赤穂今昔物語

東京から新幹線を姫路で赤穂線（播州赤穂まで四十分）に乗り継いで五時間十分、兵庫県の最西端にある。

元禄時代には、赤穂郡・加東郡・加西郡・佐用郡にわかれ、赤穂郡百十九村がそのうちの大半を占めていて、坂越《さこし》・矢野・赤松・安室・有年《うね》の五庄と鞍居・高田・周世の三郷となっていた。

正保二年（一六四五）に、常州笠間から浅野長直が移封されてきた。在世二十七年間に塩田の開拓、新田の開墾、植林、治水に力を注ぎ、藩の財政を豊かにした。

もともとは赤松一族の支配地で、岡豊前守が領地していたが、江戸時代になると池田出羽守

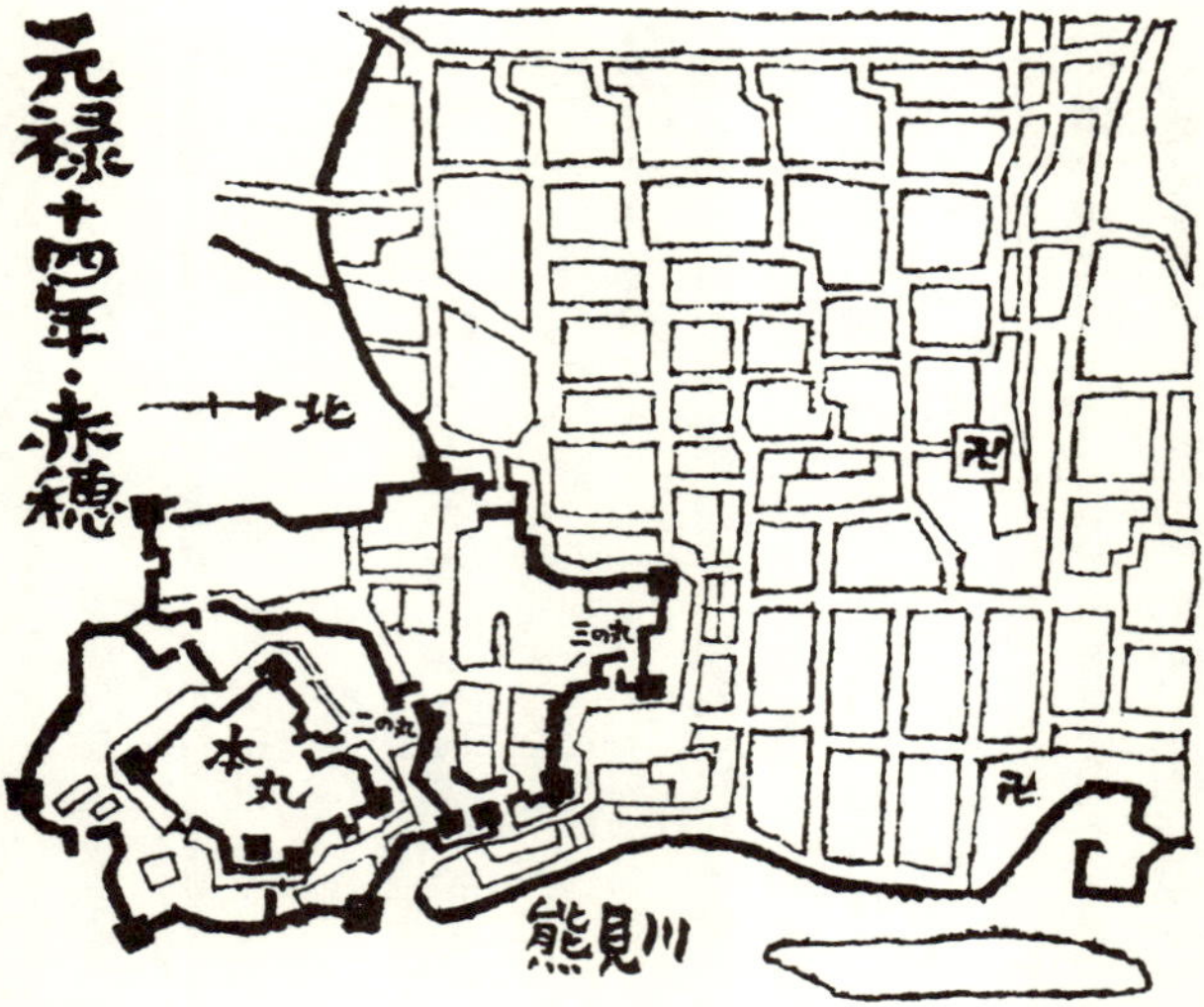

が竜野から入封して、のち断絶。そのあとが浅野家になった。浅野は長直・長友・長矩と三代五十七年続いて元禄十四年の刃傷事件で断絶、その翌年に下野烏山、三万三千石の永井伊賀守直敬が入城した。五年後の宝永三年、備中江原二万石の森和泉守長直にかわり、明治三年の廃藩置県令によるまで、十二代百六十年間にわたって、森家の領地となっている。

赤穂は、南部が赤穂港に面した瀬戸内海の海岸沿い、東部が千種川を取りまく平野、北部、西部は山地に囲まれている。気候条件に恵まれた温暖な一帯で、かつては塩田がさかんだったが、昭和四十六年に廃止され、いまは埋立もすすみ化学、繊維工業、窯業の工場が建ちならぶ播磨灘臨海工業地帯の中心地になっている。

●赤穂城跡　元禄時代までは、この辺に仮陣屋があったところから、仮屋村と呼ばれていた。ここの城は古くは刈屋城といった。最初の築城は天正年間宇喜多秀家の家臣津浪法印によるという。浅野長直が移ってきて旧城の南側に新城の構築を計画、慶安元年に幕府の許可がおりて着手。築城奉行は近藤三郎右衛門。承応二年に山鹿素行が二の丸の一部を変更するよう建言し、十三年余の歳月をかけて完成した。近世城郭史上でも貴重な遺構とされていたものだ。

本丸と二の丸は輪郭式、二の丸と三の丸は梯郭式の総面積四千四百余坪。藩主邸、家臣の屋敷、馬場、米倉、火薬庫、菜園などがふくまれていた。

明治十八年ごろ隅櫓、城壁などが取り壊されたが、昭和三十年になって二層の隅櫓、太鼓橋、一の門、鉄砲狭間の城壁などが復元され、国の史跡に指定された。本丸の跡は赤穂高校が使っていたが、現在は御崎に移った。二の丸跡は城跡公園になっている。昔のおもかげは、想像で補っていくよりない。

★いまも残る忠義桜と不忠柳

●大石良雄宅跡　大手門をくぐって左には昔のまま残された長屋門がある。屋敷は、表二十八間、裏四十五間の宏大なものだったというが、森家の代になって藩札製造所に使われ、享保年間に長屋門を残して焼失した。いまは邸跡と庭園が隣接する大石神社の境内になっている。

●大石神社　花岳寺住職仙珪和尚を中心に有志が奔走して大正元年に造営された。三の丸の一部、江戸家老藤井又左衛門屋敷跡を中心に大石良雄、片岡源五右衛門、大石瀬左衛門の屋敷跡をふくむ約五千坪。ここには大石はじめ四十七士と萱野三平を祀ってあるほか、戦後は浅野長直・長友・長矩の三侯と、森家の七神が合祀された。この社殿の左に宝物館があり、大石父子が主君長矩より拝領の刀をはじめ、かずかずの遺品や資料、別棟には森家の諸史料が収蔵されている。

庭園の横には義士木像美術館があり、平櫛田中、山崎朝雲の絶作など、一流彫刻家四十九氏による木彫が並んでいる。四十七士切腹から満二百五十年（昭和二十八年）の大記念祭につくられたものだ。館外には昭和四十六年に建立された二・一二メートルの大石内蔵助銅像もある。

●赤穂塩業資料館　大石神社から本丸へ向かった旧二の丸跡に建てられたもので、塩の生産と歴史をパノラマ式に展示している。ほかに関連の民俗資料も集めてある。道路をへだてた西側には山鹿素行銅像がある。

●花岳寺　藩祖長直が、笠間から移った正保二年に建てられた曹洞宗の寺で、義士の木像堂には四十七士の座像が安置されている。表門組、裏門組が左右にわかれていて、三十三回から百回忌までかかって完成したという古い作である。

その山門は城内の塩屋門を移したというだけあって、堂々とした風格がある。入口近く、義士の墓所に並ぶように宝物殿があり、連判状、早打ち状、大石が討入り前に出した住職への暇乞状などの関係書類が保存されている。墓所の門前には大石邸から移植した忠義桜と大野九郎兵衛邸から移した不忠柳が並んでいる。兇変以来音韻を失った「鳴らずの鐘」の言い伝えもある。

また、その近く、銀行の空地に主君刃傷の第一報を知らせた早水藤左衛門、萱野三平がまる四日間、早駕籠に揺られ、ここで水を飲んで大石邸に駆けこんだという「息継ぎの井戸」がある。赤穂藩の上水道の汲みとり口で、江戸・福山と並んで天下の三大水道として有名だった。

●赤穂のまつり　十二月十四日の討入りを記念した義士祭が義士祭奉賛会の手で盛大に続けられている。

義士の討入りの姿の行列、参勤交替の大名行列の再現など、市中を練り歩く。

十月の第二日曜には坂越の大避神社の秋の祭礼で、船をつらねて神輿が渡御する壮観なまつりが行われている。

第三場　祇園一力茶屋

★――山科閑居から仇討ち決意

江戸急進派を慰撫せよ！

赤穂の受城使に、大石内蔵助は浅野大学をもって浅野家再興を嘆願した。主家を潰され、家臣が浪人になった窮状を救うには、幕府に嘆願をつづけるよりない。

「しかし、それでよいのであろうか」

大石は何度も反芻した。叔父進藤源四郎の世話で、京都の山科へ移る前日の六月二十四日、花岳寺で亡君百か日の法要を営み、赤穂でのすべての残務は完了した。

しかしまだ浅野家再興の運動は残っている。

城内の屋敷を出たあと、尾崎村の仮寓に身を寄せていた大石は、浅野家が再興すれば、旧臣も集まり、昔の知行とまではいかなくても、また平穏な日々を取り戻すことができるだろうと思った。

尾崎村は下男八介のつてで越してきたところだ。大石は山科に移るにあたり、八介に礼を与えた。長年のこの忠僕は、金子を差出されて、怒った。

「お金をいただきたくてお世話申したのではございません」

大石は素直にあやまり、編笠をかぶった若侍と、元気な供奴の絵を描いて与えた。雅号の可笑と下に記した。

尾崎村から、伊和都比売《いわとひめ》神社を廻って、翌日は赤穂の港から大坂へ向かう船に乗った。神社には、いくども見返って別れを惜しんだ〝大石名残りの松〟がいまも残っている。

山科では、久しぶりに妻子が揃った。だが江戸からは仇討ち促進の強硬派であった堀部安兵衛、奥田孫太夫、高田郡兵衛の三士が、「同志の者二十人位を率いて下向してほしい。ただちに仇討ちを決行しよう」と書状を送ってきた。すぐに返事を認めて、江戸に送る。ゆっくりとくつろぐ気分ではなかったろう。

大石は急進派の三人を慰撫するために原惣右衛門、潮田又之丞、中村勘助を下向させるが、彼らは江戸で集まった同志と、すっかり意気投合してしまった。第二の慰撫役に進藤源四郎、大高源五が下った。江戸の急進派の説にも一理ある……こうして大石内蔵助は、奥野将監ら五人を従えて、十月二十日に急拠江戸へ下る。

表向きは、受城使の荒木・榊原へお礼のためであった。十日に三田松本町の前川忠太夫宅で会議を開いた。大石は、仇討ちに反対した。

「浅野家再興が先決でござる」

しかしいつまでも隠忍自重しているわけにはいかない。来る三月を限度にしようと決定した。

敵の目をあざむくためではなかった茶屋遊び

十二月十二日、吉良上野介は願いにより隠居が許された。

大石の帰京の一カ月後に戻ってきた原、大高をまじえて、山科で会議が開かれた。大事の決行には、まだ慎重であらねばならない。だが、隠居した以上、上野介が表面に出てくる機会はなくなった――。ではどうするか?

年がかわり、まず浅野大学の処遇を見定めること、来年三月の亡君の三周忌をすぎても閉門中の大学にご赦免がないときには、ただちに大事を企てるべきことが決定した。

大石は苦悩した。池田久右衛門の変名で、東山を越えて京の遊里の茶屋酒に酔い痴れたのはこの頃である。

祇園、島原、伏見撞木町、時には奈良の木辻や大坂の新町にまで足をのばしたという。一方で浅野家再興を願い、その一方で仇討ちの計画をすすめるという背反する行為が、大石の心身をさいなんだのである。撞木町の笹屋清右衛門の家にいき、浮橋、夕霧、芳野などという女を側においた。

戯れに「里げしき」と「狐火」という地唄の詞をつくってもいる。

吉良の間者《かんじゃ》の目をくらますための放蕩だったというが、それればかりではない。浅野家再興の願いが叶えば、仇討ちをすべき理由は失われる。亡君の無念をどうして晴らすことができるか、一味の同志の辛酸も無駄になる。

いちど願った主家再興だが、いまでは足かせになってしまった。目付の荒木が老中へ進言した、戸田采女正や広島の浅野本家も一年前とはがらりと変わって浅野家再興に協力しはじめた、という知らせを受けるたびに、大石の胸はきりきりと痛んだ。

妻りくが身籠ったと知り、豊岡の実家で子を産むように命じて、十三歳の長女クウと次男吉千代とともに帰している。供に持たした手紙は、離縁状であった。

大石の遊興は、この頃いちだんと激しくなり、見かねた同志の親戚がすすめて、二文字屋次郎兵衛の娘かるを妾にもたせた。

円山会議の夜

七月、浅野大学は若年寄列座の席に呼ばれ、閉門が許されるかわり三千石は召上げ、広島の本家松平の称を賜った浅野安芸守へお預けとなった。これで、赤穂の浅野家再興の希望はなくなった。大石の決心はここで決まる。

二十八日の京都重阿弥の離れ家で開かれた円山会議には、江戸から堀部安兵衛も加わり十八人。いよいよ仇討ち決行と決まった。

赤穂浅野の旧臣の足並みは、揃ってはいない。江戸、上方あわせて百二、三十人の盟約者のうち、誰と誰が加わるのか。参加の人数をしぼっていくと、半分にも満たなくなっていた。

大石は山科の家を引きはらい、京の四条寺町上ル金蓮寺内の梅林庵に移った。

脱落した者が多かったことを、大石はあまり気にしていない。むしろ、浪人して暮らし向きに困りはじめた一味同志のためにも、決行を急がなければならぬと決心した。これ以上長びくことは得策ではあるまいという計算である。妾かるも親元へ帰した。

　親戚の反対にも耳をかさなかった。

「上方の用向きをすませて、秋には江戸へ下るであろう」

　内蔵助は、垣見五郎兵衛という変名で、鎌倉、川崎の平野村に滞在し、十一月はじめに江戸にはいった。垣見左内（主税）が訴訟事で借りた日本橋本町、小山屋弥兵衛裏店の空屋にはいった内蔵助の五郎兵衛は、左内の伯父という触れこみであった。

《忠臣蔵ミニ知識❸》
放蕩・大石を詠んだ落首

　祇園、島原、伏見から京・大坂へかけての遊里で大石内蔵助はだだら遊びを続けていた。
　本心放埒なのか、見せかけの遊びなのかわからなかった。そこで、落首にこう詠まれた。
大石は鮨の重しになるやらん
　赤穂の米を食ひつぶしけり

「里げしき」

ふけて廓《くるわ》のよそほひ見れば、宵の灯火《ともしび》うちそむき寝の、夢の花さへ散らす嵐のさそひ来て、閨《ねや》をつれ出すつれ人男、余所のさらばも尚ほ哀れにて、裏も中戸をあくる東雲《しののめ》。送る姿のひとへ帯、とけてほどけて寝乱れ髪の、黄楊《つげ》の小櫛もさすが涙のはらはら袖に、こぼれて袖に露のよすがのうきつとめ、こぼれて袖につらきよすがの、うきつとめ。

祇園・島原と内蔵助をめぐる女たち

★ひと晩のお相手は七〜八万円

大石内蔵助は、若い頃に京都に滞在して伊藤仁斉に学んだという説があるから、元禄十四年当時四十三歳までに、江戸や京へ旅をしただろうことは、十分に考えられる。

放蕩をはじめたのは元禄十五年春ごろ、つまり四月に妻子を豊岡の実家に戻したあたりから、十月に東下りするまでの約半年である。

吉良の探索の目をくらますためか、あるいは人生の終幕を前にした栄耀だったのか、いまとなっては判然としない。

さて、「洞房語園」にみえる官許の遊女町は、「武陽浅草の吉原、京都島原、伏見夷町、同所

柳町、大阪瓢箪町、奈良鳴川……」など二十五カ所が挙げてある。夷町は撞木町、鳴川は木辻といった。祇園はこのなかに入らない。上方では、官許でないところを外町《そとまち》といい、京都の人は祇園を河東《かわひがし》と呼んでいた。

島原は、西洞院から六条柳の馬場をへて、今日残っている九条朱雀通りの場所に移った。内蔵助が通ったのは、桝屋《ますや》で、敵娼《あいかた》は夕霧太夫だったと俗説に伝わっている。

方二町あまりの土地を囲って、大門以外出入りできないようにしたのが、寛永十四年肥前に起こった島原の乱の砦に似ているところから俗に島原と呼ぶようになったのであり、ほんとうは囲いのなかに三条の町があるので、三筋町といった。また、西新屋敷ともいうが、この遊廓は繁昌して、一目千軒というほどであった。

上等の妓（太夫）で、一夜に銀七十二匁とった。銀六十匁が金一両の計算でいくと、今日の七～八万円に相当しようか。その下の天神の女性は、半分以下の三十三文だった。

★浮橋太夫も態度が悪かった？

さて、内蔵助は祇園では井筒屋に遊んだ。ここで作った「里げしき」という地唄（歌詞は六十九頁）に、主人の岸野二郎三が曲をつけた。

いまでこそ、祇園は日本の代表的な芸妓、舞妓の名所だが、当時は縄手に色茶屋が並んで建っていた。八坂の花代は二匁（島原と較べるといかに安いか）、年増の茶汲み女が声をかけてきて、「酒を飲みたい」というと上へあげ、屏風を立て廻してサービスする。

同じ祇園でも、これは山猫と呼ばれた安娼婦たちで、万屋、井筒屋、吉田屋という祇園町の三軒、他に松湯町、富永町、末吉町の祇園新地の置屋は官許ではなかったが、もっと上等で芸妓や女郎が数多く抱えられていた。

伏見撞木町の浮橋太夫という笹屋の抱え女は、映画や芝居によく登場する。

この遊女町は、「嬉遊笑覧」では日本全国で島原についで第二位に挙げられている。

喜多川守貞は「近世風俗志」に、京坂の芸妓は態度がよくないと書いている。座敷にはいると、第一声が「おおしんど」、席についても目礼だけで頭を下げようとしない。一人の客でも二、三人、七、八人の客には十人以上の芸妓がついて、勘定のことなどはお構いなし。客の前で鏡を出してお化粧直しをする……といったぐあいだ。

内蔵助の相手をしたという夕霧太夫や浮橋は、どんな女性だったのだろう。

★妾に子を生ませ、男色関係すらあった！

内蔵助は、瀬川竹之丞という役者と男色関係があったとか、二条寺町の二文字屋の娘お軽（十九歳）を妾にして、子をもうけたともいわれる。英雄色を好むという言葉があるが、大石内蔵助もまた、部下をひき連れて大いに英気を養い、浮さまとか浮き大尽と呼ばれた。

その遊惰三昧を激しくののしったのが講談に登場する二人の人物である。一人は薩摩の家来宇都宮重兵衛。内蔵助を高く買っていたが、刀身が赤鰯《あかいわし》と知って、蹴倒し、痰を吐きつけて怒って帰る。

同巧の話でもう一人は村上喜剣。やはり泥酔の内蔵助を蹴倒すまでは同じだが、仇討ちを知って内蔵助の本心を見抜けなかったことを恥じて泉岳寺の墓前で切腹する。同寺にある「刃道喜剣信士」の墓が、それだという。

林鶴梁の「烈士喜剣伝」が、真実のように伝わったが、これは伝説である。

「忠臣蔵」を彩る七人の女

「忠臣蔵」は男のドラマである。「仮名手本忠臣蔵」の女性の登場人物もすくない。そのうえ、みな未亡人になるという暗い運命にあえぐ。

顔世御前

大序の高師直の誘惑を振り切る、そのあしらいがむづかしい。夫の塩冶判官の顔を見てはならないという口伝があるのは、ここで情の芝居が入ると、色っぽくなることを警戒しているのだろう。四段目判官切腹のあと、剃髪した切髪をさし出して、由良之助に「これ見てたも」という。ここでもウレイを主に、由良之助との大芝居はつつしまれている。

剃髪して瑤泉院となったあと、夫の菩提を葬う日々が「南部坂雪の別れ」に登場する。

お軽

三段目の衣裳は矢絣《やがす》り、または縫いの振袖、六段目は栗色の石持《こくもち》ち、七段目は襟つきの胴抜きの衣裳である。腰元・女房・遊女と三通りにかわるが、六段目は腰元、七段目は遊女の心で演じるという口伝《くでん》がある。

境遇がかわっても、恋に殉じた女の一途さを一貫させている。「忠臣蔵」で、女形の主役といえるいい役である。

戸無瀬

中村歌右衛門の五、六代目によってりっぱに大成した役だといえる。

九段目で、先妻の娘小浪を許婚の大星力弥と結婚させせなければ、後妻としての義理が立たぬという一念が、お石との詰め開きにあらわれている。小浪を斬ろうとする「鶴の巣籠り」のくだりなど、緊迫した情況を醸し出す。

小浪

二段目、恋しい大星力弥との出会い、八段目の道行をへて、九段目山科閑居で、力弥と夫婦になれぬなら死もいとわぬという、お軽とはべつの意味で恋だけを考えている純情娘。

おかや

与一兵衛の女房。浄瑠璃には役名がないが、歌舞伎のほうで名をつけた。夫は惨殺され、婿勘平は切腹、娘は遊女に身を売って一人残った不幸な老婆である。六段目では、尾上多賀之丞のおかやがいまも目に残る。「仕事が多くてたいへんな役ですよ」といった。役の心得は聞かせてもらえなかったが、宮戸座から六代目菊五郎にスカウトされたときはお軽、その後おかやを当たり役にしていた。

お石

大星由良之助の女房。戸無瀬を向うに廻して、嫁取りを断わるところに気性の強さを見せるが、幕切れ、夫を仇討ちに送り出すときの妻の悲しみを、中村芝翫がじつにうまく表現した。気の強いなかにみせる女の心の隙間。戸無瀬と同様、女形でなければ表現できない役だといえよう。

お園

天河屋儀平の女房。大星に頼まれた男の意地から、女房も離縁さる。舅太田了竹が斧九太夫の家来で他へ嫁入りさせようとする。尼になって急場を救われるが、以上七人のうち、たった一人、やがて義平とよりを戻すだろうと思わせる。残り六人は夫が死んだか、あるいはやがて死ぬ運命にある女性たちで、お園を尼にしたのは、作者の思いやりだったとも考えられる。

第四場

江戸の浪士たち

★——そして四十七人が残った

吉良邸の動向

内蔵助が日本橋石町の小山屋の離れ座敷にはいったのは、十一月五日であった。訴訟事で江戸にくると長期滞在は当然だし、人の出入りが多くても怪しまれなくてすんだ。

鎌倉雪ノ下に到着したのが十月二十一日、三日滞在して川崎平間村の仮寓で十日あまり江戸の情勢を睨んでいた。

不穏な動勢に目を光らせている幕府の役人に気どられたら、仇討ちの決行は思いもよらない。また、吉良側に気づかれてもならない。大石は、慎重のうえにも慎重に行動した。

浅野家再興の嘆願と、吉良上野介復讐とを両天秤にかけて苦悩した、わずか三カ月前までのことが、いま思うと遠い昔のことのようだった。

「賽は投げられた。もう進むよりほかに道はない」

大石は決意を新たにした。

平間村で大石は十カ条の指令書をこしらえている。討入りのときの注意事項である。それは、吉田忠左衛門らによって同志の隠れ家に運ばれた。大石の江戸入りから数日たった頃、旅宿に同志を集めて会議が開かれた。討入りに仕損じがあってはならない――。そのために万全を期す必要があった。

大石が小山屋にきてからは、ここが中心になった。米沢町の堀部弥兵衛、麴町の吉田忠左衛門のところは同志の連絡場所になっており、日本橋、麴町、芝、両国、深川、本所の十四カ所に分散した同志は、緊密に連絡をとりあった。

吉良家でも、警戒をゆるめてはいなかった。大石の、一年前の東下りには神経をとがらせたが、その後とて、変わりはない。

奉公人や出入りの商人の身許などは厳重に調べられた。三月十五日の内匠頭の一周忌は平穏に打ち過ぎたが、だからといって、安心はできない。百人からの吉良家の住人は、家老じきじきに面接して傭い入れられた、確かな者ばかりであった。

浅野の浪人がいつ討入ってくるか、あるいは登城や外出のときの駕籠を襲うかも知れぬ。武闘的な家柄ゆえに、用心に用心を重ねる必要があったのだろうが、討ってくるか、いやそれはあるまいと、正直なところは半信半疑の気持ちでいたことだろう。

討入りのシナリオ

大石を頭領とする一味は、仇討ちにむかって走りはじめていた。頭領が江戸入りした以上決行をのばすことは、相手に気どられて失敗する危険もある。急がねばならない。

大石江戸入り早々の会議で重要だったのは、討入り当日に吉良上野介が在宅しているかどうかを確認することであった。

不在だったら次回に、というわけにはいかない。たった一回しかない機会を逃がしてはならなかった。

吉良家へ討入ったとき、上杉家から寄せ手が駆けつけることも予想される。そこで、本所松坂町の吉良邸、桜田の上杉家上屋敷、白金の下屋敷との間をいく通りも往復し、回ってみた。

吉良家の裏門脇には神崎与五郎と前原伊助が小店を出して、出入りの者を監視した。屋敷の絵図面も手に入れ、新しい情報を仕入れては書き加えて訂正したりもしている。

大石は、さらに赤穂を去るとき公金の一部（瑤泉院の化粧料）を預っていたが、この使途明細書を落合与左衛門（瑤泉院の用人）に託して届けた。討入りの際の口上書も認《したた》められた。

こうして万端手落ちがないように物事をすすめていくのは、松山城受取り、赤穂城明け渡しを経験してきた内蔵助らしい行き届いた処置である。

大高源五がもたらした〝決定的情報〟

すでに江戸の浪士は、これ以上延引することができぬくらい、暮らし向きは困窮していた。十二月二日、深川八幡前の料理茶屋で、頼母子講（無尽）の集まりと称して会合が開かれた。終日相談して、解散したのは夜になった。

冷光院（浅野内匠頭）のために、吉良上野介を討つ。

起請文には、それぞれが署名、血判をした。「人々心覚」という十六カ条の注意事項も定められた。当夜は、三カ所に集まり、刻限（時間）をきめて打立つこと。敵を討ったあと笛を吹いて知らせあい、鉦を合図に引揚げることなどが、細かく記されている。

引揚げのあとの手順を詳しく指図しているのは、大石がこの仇討ちで武士道をまっとうする本義として、最後までその趣意を貫こうとしたからであろう。

決行当夜、上野介が在宅しているかどうか……。

茶道の山田宗徧を通じて、その有無を調べることを内蔵助は大高源五に命じた。当初十二月六日の茶会を前にした五日早朝決行の準備を立てたが、四日に駕籠が一挺吉良家裏門から麻布の上杉家に向かったので中止した。

茶会が十四日に変更となったのにつれて、討入りの日は決まった――。

亡君の無念を晴らそうと勇み立つ者たち。だが一方では、脱落する者もいた。はじめ百二十余人の同志は、だんだん減っていた。決行の土壇場になって、中村清左衛門、鈴木重八、中田理平次が脱盟して逃亡している。田中貞二郎は酒色に溺れたあげく、梅毒で頭髪が脱けた恰好で、行方不明になった。小山田庄左衛門は片岡の留守宅から金と衣類を盗んで逐電した。

最後の脱落者毛利小平太も、表門組に入っていながら、姿を消した。
こうして十二月十四日深夜に四十七人が堀部安兵衛の家に続々と集結した……。

《忠臣蔵ミニ知識❹》

東下りの旅費は三両

「南部坂雪の別れ」にある大石内蔵助が瑤泉院に討入り前に挨拶におもむいたとき、瑤泉院の化粧料預りのうち使った総額六百九十七両一歩二朱の支出明細「金銀請払帳」を、家老落合与左衛門に届けた。

そのなかに京都から江戸への路銀として三両が支払われているところをみると、当時はこの金額で片道の道中ができたわけだ。

上野介の暗号は卜市

羽倉斉は赤穂浪士の応援者だったが、上野介の歌や文学の師でもあった。吉良家の内情を話すとき、「吉良」とか「上野介」といってははばかられるので、「卜市《ぼくいち》」と呼んでいた。

雁木模様の討入り装束はウソ

討入りの装束では、袖口に山形の雁木模様をつける。白い山形は雪をあらわし、黒で塗りつぶしたところは夜を意味している。「忠臣蔵」のお馴染みのデザインだが、この模様は実際には使われていない。人形遣いの吉田文吾が考案したものが広まったのである。

改築中だった吉良邸

元禄十四年八月十九日に、本所松坂町の松平登之助の明屋敷をたまわって、引越した。討入り当夜、吉良上野介の妻三姫（富子）の消息は出てこない。それに付き添う女たちも登場しない。この屋敷が上野介の隠居所であって、当時夫人を迎えるべく普請をしていたため、女性がほとんどいなかったのだという。また一節では、修理もせず荒れていたので、息子の上杉綱憲の屋敷に身を寄せていたのだともいう。

内蔵助の作った小唄

「忠臣蔵」の小唄は多い。その一つ、小唄の得意な初代中村吉右衛門が「七段目」で口ずさんだのが「四条の橋」。歌詞は「四条の橋から灯が一つ見ゆる、灯が一つ見ゆる、あれは二軒茶屋の灯か、丸山の灯か、ウーイそうじゃえ、ええそうぢゃいな」

明治時代の作とされているが、じつは大石内蔵助が東下りの出立を前にして、京の見納めをしようと舞妓、仲居をつれて四条の橋から祇園、東山の夜景を眺めてこしらえたものだとも伝えられている。

第五場 吉良邸討入り

★――二十四時間・再現ドキュメント

〈12月14日　亥の上刻・午後10時〉

●寝静まる吉良邸

本所松坂町の吉良邸には、今年の名残りの茶会と称して、上野介が亭主役となり、大友近江守、小笠原佐渡守ら歴々の客人や宗匠の山田宗徧が集まった。

前夜に降った雪が、庭前にまだ白く積もっている。

「これは風流なことじゃ」と客人はよろこんだ。

茶会は無事に終わり、客人も三々五々帰っていった。あとは家人が片づけをする。屋敷は森閑と静まりかえった——。

南北三十四間、東西七十三間、総坪数二千五百五十坪、建坪八百四十六坪の屋敷は、北に土屋主税、本多孫太郎、東に鳥井九太夫、牧野一学の屋敷に続き、西と南は町屋だが、西の町屋の向うには回向院と大徳院が並んでいる。

上野介が生まれ育ち、住み馴れた鍛冶橋の江戸屋敷から本所の松平登之助の明屋敷を賜わって移転したのが八月十九日。当座の普請はして、住めるようにはなっていたが、改築が続いているような屋敷であった。

奥方富子は、実家上杉家の麻布一本松の下屋敷に住んでいて、本所に移ろうとはいわなかった。だからこの屋敷は、女っ気がきわめて薄かった。

風流人の上野介は、そういう生活を、さして苦にしていなかったようである。実子であり、上杉家の当主になった綱憲が、夏から病の床に臥っていたので、しばしば上屋敷を見舞ったりもしていた。

老人は早寝早起きがふつうで、上野介とて例外ではなかったろう。茶会を終わって、肩の荷をおろすと早々に寝所にはいった。

●「羅生門」で気勢あがる

その時刻、本所林町五丁目紀伊国屋店の堀部安兵衛宅と、本所徳右衛門町一丁目の杉野十平次宅、本所相生町二丁目の前原伊助宅には、ぼつぼつと浪士たちが集合しはじめた。

両国橋の矢の蔵跡米沢町の堀部弥兵衛の家には、大石内蔵助、小野寺十内、それに剣術の師堀内源左衛門やその高弟の細井広沢らが同志の諸士と、入れ替り訪れた。最長老の弥兵衛は、日頃飲めぬ酒を舐めながら、上機嫌であった。昆布、勝栗、菓子を盛って差出し、「羅生門」の小謡をうたい一同気勢をあげた。

〈12月15日 子《ね》の上刻・午前0時〉

●これがホントの討入り装束

討入り浪士の最後の集合場所である林町の堀部安兵衛宅に、一同、目立たぬように集まった。

当夜使う武具は、早くからすこしずつ運びこまれていたので、すでに準備万端整っている。決行の時間まで、あと二刻《ふたとき》（四時間）。めいめい最後の大仕事を前に心勇みつつ、雑談にふけり、覚悟を新たにした。

討入りの装束は、黒小袖の両袖に白晒を縫いつけ、右のうしろにめいめいの姓名を書いた。また、襟のうしろに金箔の革で姓名の名札をこしらえてつけた。着込みは厚手の布地や晒でこしらえ、帯には鎖をいれた。羽織のうえに襷《たすき》をかける、火事頭巾の中に甲の鉢金、しころを縫いつけるといった恰好である。

〈寅の上刻・午前4時〉

●「火消しでござる」が怪しまれたときの言い訳

堀部安兵衛宅を出た赤穂浪士は、林町から松坂町まで約一キロの道を黙々と歩いた。雪明りとはいえ凍りついた道である。

大勢の男たちが隊列を組んでいるので、万一咎められたら、「われわれは火消役人でござる」と答える約束になっていた。

男の早足で、予定通り敵の屋敷に到着した。時に午前四時。

吉良邸には、表門と裏門がある。部隊は二手にわかれて、表門組は大将大石内蔵助をはじめ、原・間瀬（久）＝三名が正面で指揮をとった。

分担は、新門警備が堀部（弥）・横川・村松（喜）・貝賀・岡野＝五名。

屋内討入りが、片岡・富森・武林・奥田（孫）・矢田・勝田・吉田（沢）・岡島・小野寺（幸）＝九名。

屋外警備が、早水・神崎・矢頭・大高・近松・間（十）＝六名。

以上二十三名。

裏門組は指揮吉田（忠）・小野寺（十）・間（喜）＝三名。

屋内討入りが、礒貝・堀部（安）・倉橋・杉野・赤埴・菅谷・大石（瀬）・村松（三）・三村・寺坂＝十名。

屋外警備が、大石主税・潮田・中村・奥田（貞）・間瀬（孫）・千馬・茅野・間（新六）・木村・不破・前原＝十一名。

以上二十四名。

表門から、竹梯子をかけて門屋根を乗り越えたのが大高源五、間十次郎。続いて吉田沢右衛門、岡島八十右衛門が邸内にはいった。

●小野寺幸右衛門の機転

玄関前に青竹にくくりつけた口上書を立てた。
「浅野内匠家来口上
去年三月、内匠儀、伝奏御馳走之儀付、吉良上野介殿へ含㆓意趣㆒罷在候処、於㆓御殿中㆒、当座難㆑遁儀御座候歟、及㆓刃傷㆒候、不㆑弁㆓時節場所㆒働、無調法至極付、切腹被㆓仰付㆒、領地赤穂城被㆓召上㆒候儀、家来共迄畏入奉㆑存候、請㆓上使御下知㆒、城地差上、家中早速離散仕候、右喧嘩之節、御同席御抑留之御方有㆑之、上野介殿討留不㆑申、内匠末期残念之心底、家来共難㆑忍仕合御座候、対㆓高家御歴々江㆒家来共挟㆓欝憤㆒候段、憚奉㆑存候得共、君父之讎共不㆑可戴㆑天㆒之儀、難㆓黙止㆒、今日上野介殿御宅へ推参仕候、偏継㆓亡君之意趣㆒候志迄ニ御座候、私共死後、若御見分之御方御座候ハハ奉㆑願㆓御披見㆒度如㆑斯御座候、以上

元禄十五年十二月　日

浅野内匠頭家来

（四十七人連判）」

浪士はいっせいに鬨《とき》の声をあげ一気になだれこんだ。

玄関の戸は蹴破られ、襖は開けはなたれた。突然の乱入に、吉良方の宿直は中小姓左右田源八、料理番小堀源五郎、近習新貝弥七が起きあがって応戦した。小野寺幸右衛門は新貝を斬り、ふとみると弓が並べられてあったので、とっさの機転でその弦を切りはらった。

裏門は、三村次郎左衛門と杉野十平次が大槌《かけや》で門を打ち破った。ドスンという大きな音がして、門がこわれた。

隣家の土屋主税と本多孫太郎の屋敷には、塀越しに討入りの趣意を申し入れたが、なんの答えもなかった。

●闇の中での激闘

寝所の吉良上野介は、物音で目をさました。中小姓の清水一学と大塚治郎左衛門ではないかと思うが（二人とも台所で討死にしている）、

「ご隠居さま、こちらへ」

と誘われた。台所の脇の炭部屋に身をひそめて、じっと息を殺していた。

浪士は、初めて乱入した勝手の知れない屋敷の、ほとんどの光のない暗いなかを進んでいった。

不意に矢田に斬りつけた者がいたが、切先は下の着込みに達せず、逆に斬り落とした。このとき火鉢に刀が当たって、ぽっきり折れてしまった。相手の刀を奪って戦ったが、敵の刀を使ったのが無念であったと、のちに悔んでいる。

武林唯七が書院から奥へ進もうとしたとき一人の少年が薙刀で向かってきたので、斬り返すと、相手の額をかすめた。少年は薙刀を捨てて逃げたが、吉良の定紋がついていたので、

「さては左兵衛義周殿であったか」

と残念がった。

屋外では、「五十人組は右へ」「百人程左へ」といった叫び声が聞こえる。攪乱戦

術だ。吉良方は、討入りの浪士が何人いるのか知らないから、これで大いに動揺した。

近松勘六は逃げる敵を追って、泉水のところで斬りつけたはずみに、池に落ちた。敵はそのまま逃げたが、実弟の奥田貞右衛門が助けあげた。

吉良の屋敷に、当夜何人が泊まっていたか正確にはわかっていないが、八十名程度と考えられている。突然の討入りにあわてて、邸内から逃げ出す者もいたが、門前で待ち構えている浪士の姿をみると、逆戻りして長屋にかくれた。

●合言葉は「山」「川」

午前四時すぎ——まだ夜である。

裏門から討入った礒貝十郎左衛門は、台所にかくれている男を引き出して、

「蠟燭の在りかを教えろ、命は助けてやるぞ」

といった。男が、蠟燭を出してきたので、礒貝は部屋部屋に灯をつけて廻った。これでたいへん働きやすくなった。

四十七人の男たちは、二千五百坪の邸内を走り回った。八百五十坪の屋敷を何度も探したが、肝心の上野介の在り所がわからない。

表門組も裏門組も、邸内にはいれば区別はない。「山」「川」を合言葉にして、目

指す敵を追った。

三十分もあれば探しつくせるはずなのに、あれから半刻（一時間）以上もたつが肝心な上野介の所在を掴めず、浪士たちはしだいに焦りはじめていた。

〈寅の下刻・午前5時〉

●上杉屋敷への急報

吉良家に討入り！　屋敷のすぐ傍の豆腐屋の親父は、すぐに上杉家上屋敷に注進に走った。本所から日比谷桜田門まで、息せき切って三十分はかかる。

「一大事でござりまする」

変事の報は、すぐに主君上杉綱憲に通じた。病褥の綱憲は、布団の上に起きあがった。

「なに、父上が……」

すぐに家老色部又四郎に出陣を命じる。家臣も、合戦の仕度にかかった。しかし綱憲自身の出馬はのちのちの幕府の憚りを考えて、止められた。上杉の上屋敷は、緊迫した。急報は、下屋敷の上野介奥方・富子にも知らされたはずである。

〈卯の上刻・午前6時〉

●どれだけの人間が殺されたか

上杉の家臣五十名が、本所へ向かおうとしていた頃、吉良邸では相変わらず上野介探索が続いていた。

赤穂浪士に殺害された人びとは、用人・須藤与一右衛門、近習・新貝弥七郎、中小姓・小堺源次郎、左右太源八郎、斉藤清左衛門、笠原長太郎、鈴木杢右衛門、祐筆・鈴木元右衛門、足軽・森半右衛門＝以上左兵衛義周の家来。

家老・小林平八郎、元用人・鳥居利右衛門、近習・清水一学、大須賀治郎右衛門、坊主・鈴木松竹、牧野春斉＝以上上野介義央家来。

その他死者十六、七名、負傷者二十～二十三名。

女子供は斬らぬという定めがあったが、これは数が少なかったので、当夜命びろいをした者もかなりあった。長屋に隠れていて、見つからない卑怯者がかなりいたことになる。

敢然と闘った者たちは、浪士に寄ってたかって斬られた。

一太刀というのは、少なかったという。死体は散乱し、負傷者のうめく声が聞かれた。

● 一番槍は間十次郎

まだ薄暗い台所の隣りの炭部屋から、人の囁き声が聞こえた。戸を打ち破ると、なかから皿、茶碗、炭が投げつけられた。一人、また一人と中から飛び出してきた男は、堀部安兵衛や矢田、三村に討たれた。

そして間十次郎が槍をぐさりと突き入れると、確かな手応えがあった。脇差を抜こうとする気配を察した武林が、横から仕留めた。

引出してみると、六十ばかりの老人で、白小袖を着用していたので、上野介ではないかと面体を改めたが、額の疵は消えている。しかし、背中の疵がはっきりと残っていた。

合図の笛が吹かれ、間十次郎が首級をあげた。討入りの際に縛りあげておいた門番を引き出して確認させたところ、上

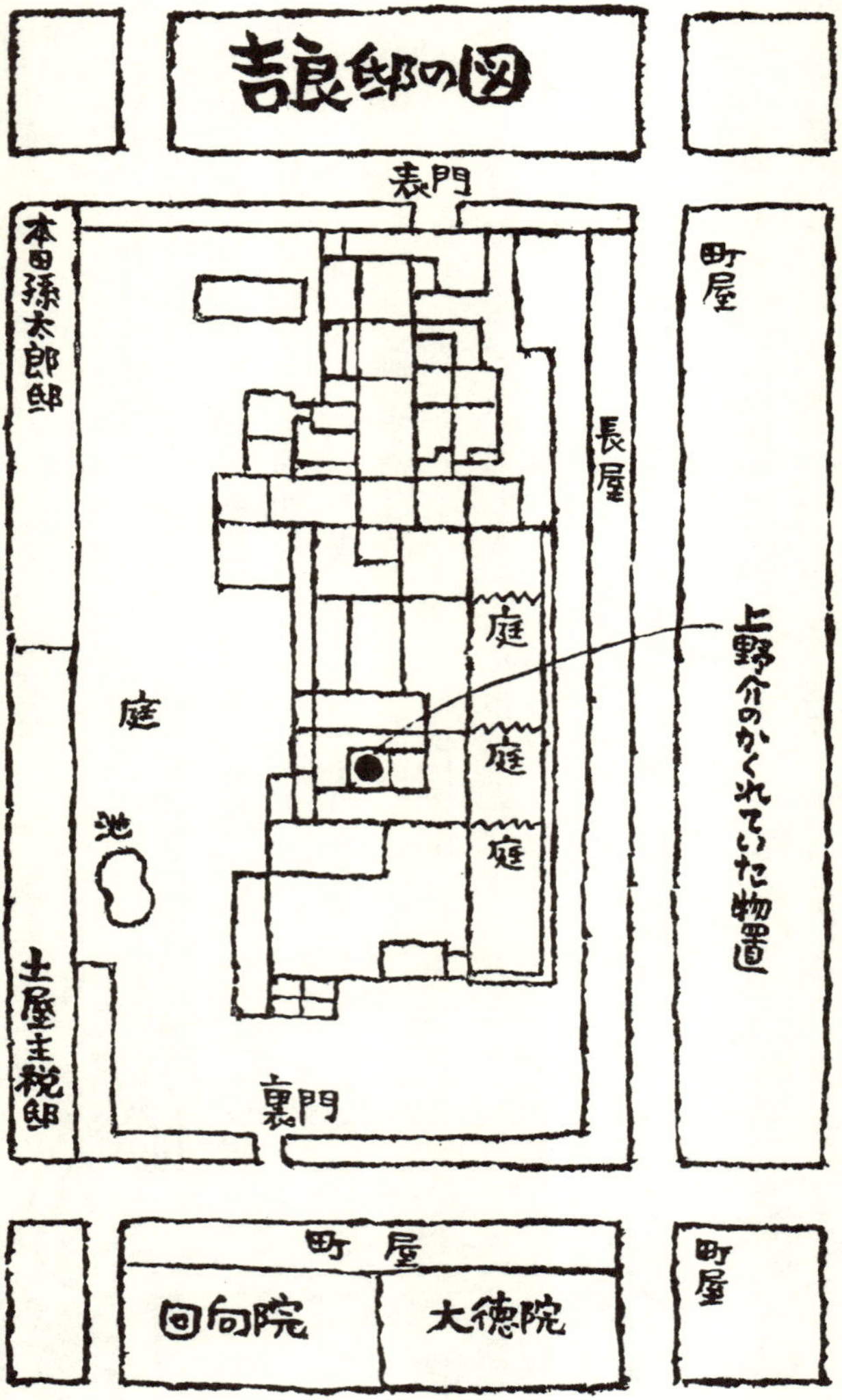
吉良邸の図
表門
本田孫太郎邸
町屋
長屋
庭
庭
庭
庭
池
上野介のかくれていた物置
土屋主税邸
裏門
町屋
回向院
大徳院
町屋

野介に間違いないとわかった。ついに、長年の宿意をとげることができたのである。男たちのなかに、嗚咽する者もいた。

● 大迂回して泉岳寺へ

首のない遺骸は寝所に運ばれ、屋敷内の火の用心も見回って、一同が勢揃いした。夜はそろそろ明けはじめていた。

隊伍を整えると、回向院におもむいたが、開門してくれなかった。十五日は諸大名、旗本が総登城して将軍に拝謁する礼日にあたっていたので、両国橋を渡って繁華な江戸の町なかを通行するのは遠慮しなければならなかった。

そこで隅田川を舟で下って、高輪泉岳寺に向かおうとしたが、どの舟宿も船を出そうとしない。仕方なく隅田川岸を、お舟蔵裏通り、永代橋を渡り、霊岸島、八丁堀、築地鉄砲洲の旧浅野邸前、汐留橋、浜松町、金杉橋を通って泉岳寺へと隊列を整えて行列した。

〈卯の下刻・午前7時〉

● 脱盟者からの祝いには冷淡

行列が八丁堀か築地辺にかかっていた時刻であろうか、本所の吉良邸に上杉の家来たち約五十人が到着した。屋敷内の惨状は目を覆うばかりである。生き残った家老斉藤宮内、左右田孫兵衛、岩瀬舎人らは、上杉の家来を前に力なく応待した。

上杉の深沢平右衛門は、屋敷内の惨状に怒りをこめて、討入った浪士の行方を追わせたがついにわからなかった。

同じ頃、行列のなかから、吉田忠左衛門と富森助右衛門が、愛宕下の大目付仙石伯耆守に自首して出た。登城前の伯耆守は、訴えを聞くとねぎらいの言葉をかけて聞書を認めさせ、老中・若年寄りに届けた。その報告を聞くや、城中から上杉家に対して復讐の仇を討とうとする軽挙を厳重に戒める使者が出た。

行列は、新橋で老齢の原惣右衛門と怪我をした近松勘六を駕籠にのせて、ゆっくりと進みはじめた。田町辺で、高田郡兵衛が仇討ちの祝いに訪れたが、一同はこの脱盟者を冷たくあしらったという。

泉岳寺の手前まできたとき、大石内蔵助は寺坂吉右衛門を呼んで、赤穂と広島の浅野家への使者を命じた。

吉原
浅草寺卍
卍寛永寺
不忍池
中仙道
日光道
隅田川
小石川御門
牛込御門
吉良邸
卍回向院
両国橋
江戸城
日本橋
呉服橋
吉良屋敷
永代橋
赤坂御門
数寄屋橋
浅野邸
溜池
虎ノ門
田村右京大夫邸
毛利邸
久松邸
東海道
細川邸
泉岳寺卍
水野邸
北
西
東
南

〈辰の上刻・午前8時〉

●焼香は功労者順

泉岳寺の門は開いていて、九代酬山長恩和尚は、内匠頭の墓前への参拝を快く許して、四十四人の浪士を寺内に招じた。

一同は、まず主君の墓前にぬかずき、仇討ち本懐をとげたことを報告し、順次に焼香した。

第一は殊勲者の間十次郎、次に武林唯七、そして大石以下が万感の思いをこめて、詣でたのである。

〈巳の上刻・午前10時〉

●追手に備えて入浴せず

墓所を引揚げて本寺と衆寮にわかれてはいった。寺からは仙石邸へ回った二人を除いて、四十五人だが、寺坂が抜けているので、その旨を書き添えて寺社奉行阿部飛騨守に届出られた。

昨夜から一睡もしていない浪士は、本寺の長老組も、衆寮の若手組も疲れ果てていた。
粥が振舞われて、これを美味しく食べた。
風呂もすすめられたが、いつ追手がくるかも知れぬと辞退した。
仮眠する者、辞世を詠むもの、それぞれにこの日一日を過ごした。

〈酉の上刻・午後6時〉

●四家預りの名簿

一同は、厳重な警戒のなか仙石伯耆守屋敷に移された。御徒目付が所持品を調べて預り、無刀のまま四十六人は座敷に通され、お取り調べのあと伯耆守から四家へのお預けが申し渡された。
すでに四家からは引き取りの迎えがきていた。

細川越中守（十七名）

大石内蔵助　吉田忠左衛門　原惣右衛門　片岡源五右衛門　間瀬久太夫
小野寺十内　間喜兵衛　礒貝十郎左衛門　堀部弥兵衛　近松勘六　富森
助右衛門　潮田又之丞　早水藤左衛門　赤埴源蔵　奥田孫太夫　矢田五
郎右衛門　大石瀬左衛門

松平隠岐守（十名）
大石主税　堀部安兵衛　中村勘助　菅谷半之丞　不破数右衛門　千馬三郎兵衛　岡野金右衛門　木村岡右衛門　貝賀弥左衛門　大高源五
毛利甲斐守（十名）
岡島八十右衛門　吉田沢右衛門　武林唯七　倉橋伝助　村松喜兵衛　杉野十平次　勝田新左衛門　前原伊助　間新六郎　小野寺幸右衛門
水野監物（九名）
間十次郎　奥田貞右衛門　矢頭右衛門七　村松三太夫　間瀬孫九郎　茅野和助　横川勘平　三村次郎右衛門　神崎与五郎

水野家へお預けの寺坂吉右衛門が見当たらぬので、仙石伯耆守が訊ねたところ、吉田忠左衛門が「吉良家門前まではおりましたが、その後知れませぬ。まことに身分の軽いものは仕方がないものでございます」と答えている。

深夜、正確な時間は不明だが、細川越中守は大石以下十七名のお預りの浪士が到着すると、待ちかねたように対面した。

「その方たちを預ること、武門の誉れである」

四家とも、彼らをそれぞれ手厚くもてなした。

第六場　討入り始末

★――〝義挙〟の波紋

荻生徂徠の「義士切腹論」

上野介が討たれた知らせは、吉良義周の名で老中に届けられた。

浅野内匠頭の刃傷の際には、即日切腹という処置をとった将軍が、こんどの赤穂浪士の仇討ちに対しては寛大であった。「文武忠孝」の道に叶った行為であると幕閣が認め、将軍も承認した。一年あまりの間に、事情は大きくかわった。

徒党を組んで高家職の高官に復讐した赤穂浪人が、大名家にお預けになるのは、よほどの厚意であった。牢獄につながれ、斬罪に処せられてもおかしくはないのが、お預けの四大名家ともに、浪士たちを手厚くいたわったのである。

さて、浪士たちの処分をどうすべきか――評定は難行した。江戸の市中はいうに及ばず、この噂を聞いた民衆は、〝義士〟と呼んで賞めたたえた。評定所にも、助命嘆願が出された。将軍綱吉も決断には悩んだ。

「情においては助けたいが、天下の掟にそむいた罪は裁かれねばならぬ……」

いずれをとっても心が痛んだ。学者の意見も二つにわかれている。

荻生徂徠の意見はこうだった。

「浅野は吉良を殺そうとした。吉良は浅野を殺そうとしたのではない。浅野は吉良を殺そうとして国が潰されたので、吉良が浅野を滅ぼしたのではない。仇とするなら将軍家になる」

これに対して、林大学頭、大宰春台《だざいしゅんだい》、佐藤直方《なおかた》、室鳩巣《むろきゅうそう》、藤井懶斎《らんさい》、三宅観瀾《かんらん》、浅見絅斎《けいさい》らが、論を述べた。

結局、このなかで徂徠の意見書が通った。「いま四十六士の罪を決め、武士らしく切腹させるなら、上杉家の願いを無視したことにもならず、彼らが忠義を軽んじたことにもならぬ。もっとも公論と申せましょう」

綱吉は、天下の法を守るために、一同の切腹を命じた。

浅野家再興成る！

二月四日、吉良左兵衛義周は江戸城山吹の間に呼ばれ、大目付仙石伯耆守以下列席の場で吉良家の領地召上げのうえ、諏訪安芸守へお預けを命じられた。

あの討入りの日、十七歳の義周は浪士と戦い、眉間と肩に疵を負うたが、未練であったと罰をうけ、宝永三年冷たくきびしい幽閉のまま、二十一歳の若い命を消す。

同じ二月四日、四十六人全員が切腹した。一月二十二日に親類書を提出するよう命じられたときから、覚悟はできていたろうが、前日三日に正式の御沙汰がくだった。

細川家には荒木十右衛門、松平家には杉田五左衛門、毛利家には鈴木次郎左衛門、水野家には久留十左衛門（それぞれ目付）が、使番をともなってやってきて、切腹申し渡しを読みあげた。

全員が、つつしんでお受けした。

「これは仰せ渡しではないが、吉良左兵衛義周も、このたびの仕方不届とあって、領地召上げ。上諏訪安芸守へお預けになった」

と伝えた。この知らせで、一同は満足して死出の旅におもむくのだった。

四十六人の処置は、それだけではすまなかった。遺児で十五歳以上の男子は四人いたが、伊豆大島へ島流しになり、それ以下の十六人が親類預けになった。

それから三年目、四代将軍家綱二十七回忌の恩赦で、流罪は許された。さらに三年たった宝永六年、将軍綱吉は世を去り、すぐに大赦令が発せられた。

もちろん、赤穂事件の関係者への処罰は、いっさいなくなった。浅野大学長広は翌宝永七年、旗本寄合衆に加えられ、五百石の知行を賜わった。

赤穂浅野家は、こうして再興した。吉良家の、上野介の系図は、孫で養子の義周のところで断絶している。

《忠臣蔵ミニ知識❺》

大風呂敷の注文

吉田忠左衛門は大男であった。細川家にお預けのあと、いよいよ切腹と決まると、「年寄りの大きな死骸など見苦しい」といって、白布を買い、二重の大風呂敷に包んで、大骸《おおむくろ》が見えぬようにしてほしいと金を差出して頼んでいる。

励ましの自害をした母たち

原惣右衛門の辞世は、「かねてより君と母とに知らせんと　人よりいそぐ死出の山路」。先立った主君と母を追う気持ちを詠んでいる。その母は、死をもってわが子を励まして自害したことになっている。

そういえば、近松勘六の母、杉野十平次の母、武林唯七の母、神崎与五郎の母……いずれもわが子を励まして自害しているのだ。伝説の共通パターンといえようか。

残された家族たちの運命

★男子は遠島、ただし僧侶になれば赦免

赤穂浪士の仇討ちはめでたく所期の目的を遂げた。元禄十六年二月四日寺坂吉右衛門を除く四十六人の切腹で一段落ついたが、その家族や縁者にはその後にべつの運命が待ち構えていた。

大石内蔵助の一族については、すでに書いた（五十二頁）。

四十六人の子供は、男が計十九人。うち十五歳以上の四人は伊豆大島へ配流された。十五歳以下は母、親類、町方あるいは村方預けになって、十五歳になると奉行所に届けて遠島を申しつけられる。

遠島の四人は、
吉田伝内（忠左衛門二男）間瀬定八（久太夫二男）中村忠三郎（勘八長男）村松政右衛門（喜兵衛二男）

である。間瀬は二年後に病死し、三人は宝永三年の赦免で戻った。僧侶になるのが赦免の条件だったので、伝内は恵学、政右衛門は無染という僧名になり、忠三郎も奥州白河で仏門にはいった。宝永六年に五代将軍綱吉が他界、六代将軍家宣の宣下によって大赦が行われ、僧籍にはいった三人も還俗している。

残る十五人も僧侶になっていたのは、家族が、成人して遠島刑にさせられるのがしのびなかったからであろう。

★独身者が多かった四十七士

遺児の女子は、二十四人で、うち既婚者が六人といわれる。遺児にもまして結婚生活がわずかで夫を失った未亡人の若妻は気の毒だ。

仇討ちに参加した赤穂浪士に、独身者が多いことに気づく。

赤埴源蔵（三十五）父一閑・母は江戸に住す。

礒貝十郎左衛門（二十五）母は兄内藤万右衛門と同居。

大石瀬左衛門（二十七）　母、姉、妹は兄孫四郎と同居。

大石主税（十六）　部屋住み。

大高源五（三十二）　母は赤穂に住す。

岡野金右衛門（二十四）　母、妹と同居。

小野寺幸右衛門（二十八）　養母（十内妻丹）は京都に、実母は赤穂に住す。

勝田新左衛門（二十四）　父母ともに死亡。

倉橋伝助（三十四）　父母ともに死亡。

菅谷半之丞（四十四）　父母ともに死亡、兄、姉ともに浪人。

杉野十平次（二十八）　父母ともに死亡。

武林唯七（三十二）　兄は赤穂に住す。

近松勘六（三十四）　父母ともに死亡、継母三男の弟と妹は徳島に住す。弟（奥田貞右衛門）、
　次男文良出家して江戸に住す。

間十次郎（二十六）

間新六（二十四）　父は喜兵衛、母、妹は赤穂に住す。姉は中堂又助の妻。

早水藤左衛門（四十二）　養母は赤穂に住す、実父は山口平八、実母は妾、兄あり。

前原伊助（四十）　父母ともに死去。妹は小川彦兵衛妻。

間瀬孫九郎（二十三）　部屋住み。母、弟は亀山、妹は竜野に住す。

三村次郎左衛門（三十七）　母は赤穂に住す。

村松三太夫（二十七）　部屋住み。

矢田五郎右衛門（二十九）　母は叔父吉川藤次郎方に住す。

矢頭右衛門七（十八）　部屋住み。母、妹は大阪天満に住す。

横川勘平（三十七）　父、母（妾）は赤穂に、姉は津山に住す。弟横川勘左衛門は義絶。

吉田沢右衛門（二十九）　妹は伊藤十郎太夫妻。母、弟、妹は亀山に住す。


赤穂浪士の半数が右の独身者で、それも三十、四十代という男盛りで妻帯していなかったのは、妻子を養うことが困難だったせいもあろう。

例えば、矢頭右衛門七の母や幼い妹は赤穂へ帰って平穏な暮らしができたのだろうか。資料にはその後の消息はみえない。独身者であっても、家族のその後は気になるところだが、十分な追跡調査はされていない。

では、妻子のある人たちはどうだったのだろう。すでに触れた大石内蔵助、六十歳を超えた人びと小野寺十内（妻丹との往復書簡はしみじみとした夫婦愛を伝えているし、その姉、つまり大高源五の母貞立尼もしっかりした女性であったことがわかる）、間喜兵衛、堀部弥兵衛、間瀬久太夫、村松喜兵衛、吉田忠左衛門らは老骨をふるい立たせて仇討ちに臨んだ。妻は夫に有終を美しく飾らせたかったのであろう。

★原惣右衛門家に隠された家庭ドラマ

さらに興味深いのが、その余の人びととの運命である。

原惣右衛門は細川家お預けのとき五十六歳。四人の娘は二十五、二十三、十五、十三であった。妻は本多中務の家来水野玄覚の娘である。

長い間男子に恵まれなかったので、妻の実家の姫路本多家中から原兵太夫を養子に迎えた。これが五年前。が、たまたま同じ時期に実子が生まれ、重次郎と名づけられた。「実子はいずれ坊主にする」といって兵太夫を慰留したが、いずこにか出奔してしまった。

四人の娘の母に、突然男の子が授ったとはふつう考えにくい。惣右衛門の妻ならば、四十代後半になるはずだ。そこで何かの事情（外に生ませたといったこと）があったと考えられる。養子が、実子ができたというだけで突然行方不明になったのもおかしい。

惣右衛門の母が、息子の門出を励まして自害したという伝説より、この背後に家庭ドラマが隠されていそうだ。

嫡子重次郎（長男に次郎の名も解せない）は、のちに本家広島の浅野家に三百石で召し抱えられたという。

★夫が切腹し、子に先立たれた未亡人

茅野和助。妻は中裕玄の娘。生まれたばかりの猪之助を溺愛していた。猪之助は宝永三年七歳で死去。とすると、その母親は、実家でその後の悲しい歳月を送ったのだろうか。それともいずこかへ再縁したのだろうか。

★最後まで遺族の面倒をみた呉服商

貝賀弥左衛門は母方の貝賀家に養子に入った。赤穂を去り京都高倉丸太町に、妾のおさん、娘お百と住んでいた。呉服商の綿屋善右衛門（赤穂の御用商人）がいろいろと面倒をみた。おさんを妻に入れなかったのは、町家の娘だったのか、あるいは遊女だったのか……。貝賀は東下りに際して、二人の行末を頼み、男気の善右衛門は胸を叩いて承知をした。のちにお百をしかるべき呉服屋へ嫁入りさせ、おさんの死後も墓を立てて供養している。

★再婚後の人生は？

潮田又之丞の妻ゆうは、小山源五右衛門の娘である。源五右衛門が途中で脱盟したのが許せぬと離別した。母と娘は姉の嫁している加西郡の百姓落合与左衛門の嫁ぎ先に同居していた。百姓とはいっても、苗字が許されている身分で、裕福だったろう。

実家に戻されたゆうは、やがて広島の浅野家の家臣に再縁した。その後のゆうと成長した娘せつがどんな人生を過ごしたのか、記録にはみえない。

★なぜ妻がいることを隠したのか？

矢田五郎右衛門の親類書には「世倅　岡部駿河守様に差置申候　矢田作十郎」とあって、妻のことには触れられていない。幕臣旗本伊丹宇右衛門の娘を妻にして、一子をもうけたのだが、なぜ妻のことを書かなかったのか？　お咎めを受けては気の毒という思いやりなのか、それとも……。

祖父の作十郎は武勇の誉れ高い三河武士であった。曾祖父の名を継いだ倅作十郎は、九歳のとき父が切腹したことになる。十五歳になると遠島刑になるので、僧侶にさせられた。多分、御赦免のあと還俗して、大名家に仕えたのだろうが、その後のことはわからない。

＊　　＊

奥田貞右衛門の若い妻、岡島八十右衛門の家女房と二男一女、片岡源五右衛門の妻と二男二女、神崎与五郎の妻、木村岡右衛門の二男二女、千馬三郎兵衛の妻と二人の娘、富森助右衛門の妻と倅、中村勘助の妻と二男三女、不破数右衛門の妻と一男一女――。堀部安兵衛の妻は堀部妙海尼という名で有名になったが、フィクションの部分が多い。

四十七士でただ一人生き残った寺坂吉右衛門は、孫の信成の手で「寺坂信行筆記」がまとめられたが、華やかな四十七士の影の部分は、わからない。

仇討ちから三百年ちかく経った今日、残された人びとの血筋は限りなく広範囲に拡がっているであろう。

四十七士の血を受け継ぐ人が、いま、この本を読んでいるあなたかもしれないと考えると、この〝事件〟も身近に捉え直されてくるのではなかろうか。

第二幕
赤穂四十七士なにからなにまで！

大石内蔵助良雄《おおいしくらのすけよしたか》

●〝主人公〟の虚実

内蔵助（四十五歳・歿年、以下同じ）は、遊里ではうき様と呼ばれていた。このうきは、憂きでもあろう。「里げしき」という曲を作詞したりもしている。（別掲）

ついに、大学が広島本家にお預けと決まり、仇討ちの決心を固めて東下り――となるが、江戸では「垣見五郎兵衛」を変名として使っていた。講談のほうでは日野大納言の家来池田久右衛門と偽って道中したことになっている。

また、近衛家の用人橘左近と名乗っていたら、たまたま本人と出くわし、『勧進帳』もどきに本人が見逃すという俗説も、芝居や映画によく出てくるが、むろんフィクションである。

討入りの前日、南部坂の瑤泉院に暇乞をしたというのも俗説には違いないが、屋敷に仕える戸田局が小野寺十内の妹というのは完全にフィクションだ。ましてや腰元お梅が吉良の間者で、千坂兵部に頼まれて内蔵助の置いていった連判状を盗んで捕まるという話など、おもしろく出来すぎている。

仇討ち本懐を遂げたあと、

「あら楽し　思《おもい》は霽《は》るる身は捨つる

　浮世の月に翳る雲なし」

の一首を詠んだ。これが、内蔵助の本心であったろう。

大石主税良金《おおいしちからよしかね》　●じつはホモ⁉

　討入り当時は元服したばかりで、満十五歳の青年であった。内蔵助の嫡男。幼名松之丞から改名した。

　ドラマの主税は色白の美青年で登場するし、『仮名手本忠臣蔵』では親の情で、許婚の小浪と契りを結んで江戸へ出立するが、これは虚構。

　むしろ俗説では相山幸之助とホモ関係だったというが真疑のほどはわからない。

　四十七士のうちの最年少でありながら、父をよく助け、仇討ちの夜は裏門の大将として立派に責任を果たした。実際の主税は文武両道を学び、五尺七寸（一七三センチ）の長身。しかも大力で、大長刀《なぎなた》で働くさまはさながら弁慶のようであったというから、イメージはだいぶちがってくる。

　仇討ちのあと、松平隠岐守邸にお預けとなり、隠岐守が一同を引見した際に、母のことを聞かれて、急に取り乱して泣いたという話は、多感の時期の主税らしいエピソードとして、悲しい。

吉田《よしだ》忠左衛門兼亮《ちゅうざえもんかねすけ》

●沈着冷静なNo.2

内蔵助を補佐して仇討ちを成就させた副統領格（六十四歳）。二百石取りの足軽頭だったが、体が大きく武芸に秀で、文才も豊かであったから、一味徒党の誓紙、神文の前文や仇討ちの行動綱領、討入りの際の「浅野内匠頭家来口上書」など、みな起草したという。

内蔵助の信頼も篤かったが、同志のまとめ役としてもなかなかの人物であった。

三つの逸話が残っている。
★兵学の師は近藤三郎左衛門、その嗣子源八にも学んだ。源八は刃傷事件以後大野九郎兵衛に加担したので評判が悪かった。しかし吉田は相変わらず通っている。ある者がそれを非難すると、「彼におもねっているのではない。彼の兵学を学びに行っているのだ」と同志をたしなめたという。
★赤穂城開城の際、間者がまぎれこんだので配下に命じてこれを捕えさせた。切腹させてほしいという間者を助けて、「侍は主君のために働くのが武士の本分である」と、城内の隅々まで案内して送り出した。間者の高松藩・竹井金左衛門は吉田の度量の大きさに敬服した。
★吉田家の台所で、下女が家宝の皿を割ったが、鼠が落としたことにしておけといって咎めなかった――。

このように、つねに沈着、思慮ぶかい人物であったため、裏門では大石主税を立てながら「夜が明けても上野介を探せ」と一同を叱咤激励して、めでたく本懐をとげた。

原惣右衛門元辰《はらそうえもんもととき》

●事務能力抜群の参謀長

原（五十六歳）は、内匠頭刃傷のとき、伝奏屋敷に詰めていた。いわば事件に身近に触れた数少ない一人であった。

主君が田村邸にお預けとなったあと、浅野家の道具を迅速に取りまとめた手際のよさ、内匠頭を泉岳寺に葬ったあと、家中が動揺しないように城明け渡しまで、内蔵助を助けて万事手落ちのないように働くなど、直情的硬骨漢ではあったけれど、事務能力は卓抜していた。

事件後、第一の使者に続いて大石瀬左衛門と共に第二の使者として、江戸から百七十里の道を早駕籠でひた走っている。赤穂や上方では、よく内蔵助を助けた参謀長格だった。

祖父は出羽の最上家の臣で、のち浪人。父は上杉綱勝の臣、これものち浪人。彼は三人兄弟の兄で、弟は浪人和田喜六と義士の岡島八十右衛門。惣右衛門は足軽頭、三百石取りであった。

講談の俗説では幼少より武芸を好み、天狗になっていたのを平賀弾左衛門に打ちのめされる。

浅野家には、大坂で川泳ぎの折り、浅野采女正の笠を濡らさずに受け止めたのが縁で奉公した。いよいよ仇討ち決行となり大坂天満の仮寓から江戸へ出立する折り、母はそれとなく暇乞をする惣右衛門を「亡きご主君のため、忠義を欠いてはなりませぬぞ」と励まし、十一月六日、遺書を残して自害している。

しかし自筆の親類書には「母去年八月病死」と記されているだけで、これもまた、真疑は確かめようもない。

片岡源五右衛門高房《かたおかげんごえもんたかふさ》

●内匠頭と最後に会った男

内匠頭は、刃傷のあと田村邸にお預けとなり、切腹を申し渡された。このとき田村邸に駆けつけて、主君への対面を頼み、多門《おかど》伝八郎の温情で暇乞いをすることのできた人物が片岡源五右衛門（三十七歳）である。

映画や芝居では、夕暮れに桜の花の散るなか、白装束の内匠頭と源五右衛門が、一生の名残りにじっと顔を見合せて別れを告げるシーンがお馴染みだ。ただし実際に、こうした出会いかたがあったかどうかは、定かではない。

彼は幼少の頃から近習として仕えており、内匠頭の信任は厚かった。当日も、主君に従って

片岡源五右衛門
内匠頭との別れ

供侍に詰めていたところへ、刃傷の報を聞き、鉄砲洲の浅野邸へ急報している。それから、同藩の者六人で田村邸の主君の遺骸を引取って泉岳寺に葬った。その前に田村邸に行き、内匠頭と最後の対面をした説もある。泉岳寺では、髻《もとどり》を切って、仇討ちを誓っている。

主君の初七日をすますと、同志三人で赤穂へ馳けつけるが、開城と決まって、がっかりして江戸に戻った。しかし江戸急進派とは肌が合わず、京都に妻子と住んで大石との連絡を密にしていた。

いよいよ仇討ちと決まり、江戸下りをするとき、妻子を離別している。妻は同藩の八島惣左衛門の娘で、二男二女があった。

源五右衛門の祖父は元浅野長重の臣で、のち春姫が徳川義直に嫁ぐとき付人として尾州家に仕えた熊井藤兵衛。その子重次郎の妾腹の子に生まれ、のち叔父片岡六左衛門の養子となる。浅野家譜代の臣であり、内匠頭の寵臣として、高禄を給されていた。

間瀬《ませ》久太夫正明《きゅうだゆうまさあき》

●寡黙で厳格な長老

父権太夫は内匠頭の父采女正長重に仕えた譜代の臣。久太夫（六十三歳）は当時二百石取りの大目付の要職にあった。厳格で正直で、家中の信任も篤かった。内蔵助が頼みとしていた長老の一人であり、よく相談をしつつ物事を処理していた。

赤穂城開城のとき、城内の掃除が行き届いていることを褒められたが、久太夫の性格が窺われる逸話といえよう。

最初から仇討ち決行派ではあったが寡黙なせいか目立たず、地味に意志を貫き通した人物だったといえる。

間瀬《ませ》孫九郎正辰《まごくろうまさとき》

●袖じるしをプレゼント

久太夫の長男（二十二歳）。まだ部屋住みの身分であった。京の円山会議に出て、父が「八十になる堀部弥兵衛ですら一人でも吉良館へ突入するという。拙者も六十二、弥兵衛老と生死をともにしたい」という意見を聞いて、血気ざかりの孫九郎としてはふるい立ったことだろう。

十二月十五日、討入りのあと泉岳寺への行列で、沿道を埋めた江戸の群集のなかの子どもが、「あれがほしい」というと、槍の柄につけた袖じるしをちぎって与えた逸話を残している。

小野寺十内秀和《おのでらじゅうないひでかず》　●四十七士きっての愛妻家

妻丹女との仲睦じさが有名だ。武道もよくしたが、夫婦揃って金勝慶安《こんしょうけいあん》に師事して和歌の道をたしなんだ。義士のうちもっとも文人。京都留守居役だったので、伊藤仁斉・東涯父子とも親しく交わった。夫婦に子宝が恵まれなかったので甥の幸石衛門（大高源五の実弟）を養子に迎えている。

浅野家譜代の家臣ゆえ、内蔵助と進退をともにしたいと、赤穂開城以前から意志表示している。

円山会議で仇討ちと評議が決し、大石主税の東下りに養子幸左衛門ともども同道。京都を出るとき、「思ひ出は音羽の山の秋ごとの　色を別れし袖ぞとも見よ」と道中で詠じた歌のかずかずも残っている。

妻に宛てた手紙や歌に加えて、十二月十二日付の遺言状には、仇討ち決行に勇み立った心情を綴り、「忠義に死したるからだを天下のもののふに見せて、人の心もはげまさん事、即って本望に候」と書き送った。

討入りの袖印には「忘れめや百に余れる年を経て、事《つか》へし代々の君がなさけを」と記した。また辞世は丹女に送った手紙にある、「まよはじな子とともゆく後の世は　心のやみも春の夜の月」。

妻丹女は、九十の賀を祝った姑を見送り、不義士となった兄の灰屋藤兵衛を義絶して独りになり、夫と子の四十九日の法要をすませたあと、覚悟を決め京都本圀寺の塔頭で絶食、自害して果てた。

小野寺幸右衛門秀富《おのでらこうえもんひでとみ》　●討入りでの大手柄

討入りに、養父十内（六十一歳）は裏門、幸右衛門（二十八歳）は表門とわかれたが、兄の大高源五とともに表門の屋根を乗りこえて進み、さらに屋内に進んだ。

広間に並んだ弓の弦を、とっさに刀で斬り払ったのが幸右衛門の手柄だった。「後より射懸けられると心付いて、よく心付いたと人々感じ入り申し候」と、十内は妻丹女に手紙を書いている。

孝行な幸右衛門を仇討ちの一味に加えたくなかった養父の意に反して、幸右衛門は上方の急進派として積極的に討入りを推進させた。

間《はざま》 喜兵衛《きへえ》光延《みつのぶ》

●息子と二人で参加した硬骨漢

老骨の武士であった（六十九歳）。元禄泰平の世になると、武士道はすたれてきたが、そのほんとうの武士の心得を伝えたいと願っていた。十次郎（二十六歳）、新六（二十三歳）の二人の伜を伴って義盟参加したが、一家三人揃うのは間家の父子だけである。

喜兵衛は、いたって無口だった。その父左兵衛が山鹿素行の高弟で、兵学を修めていた武士の気風が伝わったものであろうか。

堀部弥兵衛につぐ高齢でありながら、討入りには裏門前を固めて、逃げてきた敵を十内と一人ずつ討ち取っている。その槍の柄に「都鳥いざ言《こと》とはん武士《もののふ》の　恥ある世とは知るや知らずや」と認めた短冊がつけてあった。

細川家へお預けになったあとも、皆と話をするでもなく、黙って座っていた。

いよいよ切腹のときの辞世は、「草むすぶ仮寝の夢さめて　常世に帰る春の曙」。遺言としてほかに何も残っていない。

間《はざま》十次郎光興《じゅうじろうみつおき》

●吉良上野介を討った男

討入りでは、勝手口の炭部屋に隠れた男を槍で突くとうめき声がしたので、引き出すと吉良上野介だったという大手柄を挙げている。もともと堀内源左衛門について剣を学んだ達人で、槍は水沼久太夫に習った。上野介の首級をあげる手柄を立てる素地はあったわけだ。

十次郎は喜兵衛の長男。まだ部屋住みの身分であったから、妻子はなかったが、講談のほうでは、お屋敷出入りの植木屋六三郎がかつて恩をこうむったお礼に妻子の面倒をみたことになっている。

六三郎の女房が嫉妬して十次郎の妻を追い出し、伜十太郎は乞食をしている。十次郎父子が再会、貧家におもむき十次郎が再仕官すると聞くと、忠義を立ててほしいと書置きして母子は自害する。十次郎、涙にくれたあと討入りに馳けつける――。

講釈師見てきたような嘘をつきの見本のような話がつくられたが、人情味のあつい人柄だったのは事実のようだ。

間《はざま》新六光風《しんろくみつかぜ》　●作法通りの〝切腹〟

十次郎の二歳下の弟だが、幼少のときに父の従弟の里村津右衛門の養子になった。しかし養父と折合いが悪く、実家に戻ろうとしたが父が許さないため姉婿の秋元但馬守家来中堂又助の家に身を寄せた。はじめ内蔵助は、新六の参加を拒んだが、堀部安兵衛の取りなしで加えられたという。血気にはやる青年であった。

毛利家の切腹の際、肌を脱がずに小刀を突き立てて、六、七寸引き回したので、介錯人があわてて首を落したほどだ。その頃は、切腹は形式的になっていたが、新六は自分の手で立派に切腹してみせると実行したのである。

遺骸は中堂又助が引き取り、築地本願寺に埋葬した。だから泉岳寺には、新六の遺骸だけがない。

礒貝十郎左衛門正久《いそがいじゅうろうざえもんまさひさ》　●「琴の爪」は真山青果の創作

細川家で切腹したあと、遺品に紫の袱紗に包まれた琴の爪が一つあった。

そこから推理をはたらかせ、真山青果は「大石最後の一日」で、許婚《いいなずけ》のおみのを登場させるドラマをこしらえた。映画の題名は「琴の爪」。その主人公のように、実際も美男子で、吉良家の女中を誘惑して内部情報を得たという。

もともとは京都愛宕山教学院の小姓であったが、堀部弥兵衛の推挙で内匠頭の側小姓として寵愛され、新参者だが禄高百五十石、物頭・側用人に抜擢された。

主君切腹の折りの「この段かねて知らせ申すべく候得ども」という相手が、十郎左衛門だったといわれるくらいお気に入りであった。内匠頭の墓前で、片岡源五右衛門といっしょに髻《もとどり》を切って復讐を誓っている。

独り身の母貞柳は重病だったが、十郎左衛門（二十五歳）が切腹したあとを追うように他界している。

堀部弥兵衛金丸《ほりべやへえかなまる》

●最長老の急進派

江戸留守居役だった弥兵衛は、浅野家三代に仕え、浪士のなかの最年長（七十七歳）であった。

元禄六年、長男弥一兵衛は、当時居候の浪人本多喜平次に言い寄られ、手厳しくはねつけたのを恨まれて、片腕を斬られた。物音を聞いて馳けつけた弥兵衛は、喜平次を仕止めたが、弥一兵衛も手当ての甲斐なく亡くなった。

落胆した弥兵衛は高田馬場の仇討ちで目覚ましい働きをした中山安兵衛に惚れこんで養子に迎え、娘お幸と娶せた。安兵衛は〝自分は中山家を立てる身である〟と辞退したが、弥兵衛は熱心に懇願して主君にも頼みこみ、堀部家にきてもらった。

刃傷事件のときには、すでに安兵衛を当主にして隠居していたが、老いてもますます盛ん。討入り当夜には霊夢によって「雪はれて心にかなふ朝《あした》かな」の句ができたと、一同を励ました。弥兵衛の妻も、勝栗やよろ昆布を供して、出陣を祝った。

江戸急進派らしい、似た者老夫婦であった。

堀《ほり》部《べ》安《やす》兵《べ》衛《え》武《たけ》庸《つね》

●〝呑んべえ安〟というより能書家

高田馬場の決闘でお馴染みの中山安兵衛。俗説のほうでは、安兵衛は通称「呑んべえ安」「けんか安」と呼ばれている（三十四歳）。

越後新発田《しばた》の生まれで、父中山弥次右衛門が浪人となり歿したあと、母方の溝口家に引き取られ、十九歳で江戸へ出て堀内源左衛門に師事して剣の道を学ぶ。菅野六郎左衛門と叔父・甥の義を結んでいたというのが実説。

講談では、少年安之助が父の病を治したさに印籠を盗むが、これが祖父のもの。父は、菅野六郎左衛門の妹おみつとの祝言をきらって遊女を女房にするが、安之助を生んで死ぬ。そこで安之助を祖父に託して、懺悔のため切腹したという筋書きをこしらえている。

元禄七年、菅野は同じ家中の村上庄左衛門・三郎右衛門から高田馬場で遺恨試合を申し込まれた。

江戸八丁堀の裏長屋に住む安兵衛は、この日も酒を飲み歩いて不在。午後になって帰ってきて菅野からの手紙を読んで仰天した安兵衛は、高田馬場にひとっ飛び。

六郎左衛門は六十余歳、すでに数カ所の手傷を負うている。よれよれの黒羽二重の浪人安兵衛に、「これをお使いください」と娘が差し出す扱《しご》きをたすきにかけ、「おのれ村上兄弟！」とばかり、助っ人の中津川祐見ら八人を斬った。

これがオーバーに伝わって、バッタバッタと十八人を討ち果した「高田馬場十八番斬り」の虚構になる。

弥兵衛父娘が立会ったとか、母娘の報告を弥兵衛が聞いて婿に懇望したとか、さまざまだが、安兵衛の働きが一躍有名になったのは事実だ。二十五歳のときである。

安兵衛と酒は切り離せないが、事実はさほどの呑んべえではなかったらしい。むしろ「堀部武庸筆記」に残っているように、なかなか学問のできた能書家であった。

そして、弥兵衛の婿になって浅野家に仕えたのだが、決然と仇討ち計画をすすめる江戸急進派でもあった。

近松《ちかまつ》勘六《かんろく》行重《ゆきしげ》

●泉水での血闘

扇売りに変装して吉良邸を探り、用人の左右田孫兵衛に取り入って屋敷に出入りするが部屋頭に見咎められて忠告される。討入りの夜、孫兵衛は勘六の好意で命助かり、吉良家から細川家へ勤め替えした部屋頭とも再会する——という講談の話はフィクションである。

赤穂城開城のあと、祖先の住んでいた近江の比留田村に身を寄せ、元禄十五年二月山科会議のあと江戸に下り、それから東海道を往復しながら、秘かに仇討ちの準備を進める。

内蔵助の信頼が篤かったのは、人情ぶかく、しかも山鹿流の兵学に通じた知略にとんだ人物だったからだろう。

討入りでは、泉水の傍で清水一学（史実では山吉新八）と戦い、すべり落ちて怪我をしている。味方が馳けつけて助けたので、難をのがれたが、引揚げでは新橋から駕籠に乗らねばならぬほどだった（三十四歳）。

富森助右衛門正因《とみもりすけえもんまさより》

●天晴れな母親

「私の女心でさえ、内匠頭殿は切腹、上野介殿はお構いなしは片手落ちのお仕置と存じます。助右衛門は男に生まれたのですから、こんどの振舞い（仇討ち）はもっともと存じております」

討入りのあと、細川家の堀内伝右衛門に助右衛門（三十四歳）の母はきっぱりといった。この母は、なかなかしっかりした人物だった。

助右衛門は、内匠頭の腹心であり、刃傷事件のときも勅使出迎えの大役を果たした。主君切腹ののちは、残務整理を終えて川崎の平間村に移った。内蔵助が東下りの際にしばらく仮寓したところである。

討入りも近くなり、江戸へ居を移し、いよいよ当夜、母に最後の別れをつげると、母は白の女小袖を与えて励ました。助右衛門はその肌着を身につけて討入る。俳名春帆の助右衛門は、「寒しほに身はむしらるる行衛哉」の句を、姓名札の裏に認めた。

心残りは二歳の長男長太郎のことだったが、切腹の場で遺言を聞かれて、「老母のことはよろしく」と頼んでいる。

講談で、小間物屋になって吉良家に出入りし、赤穂の旧臣山岡角兵衛の妻から情報を得たとか、俵星玄蕃が好意をみせたという話は、歴史書のほうには出てこない。「夕顔に馬の顔出す軒端かな」の句も同様。

いま残っているのは、「今日も春恥かしからぬ寝武士かな」と、辞世の「先立ちし人もありけり今日の日を、終の旅路の思い出にして」。「先立ちし」は姉のことで四日は命日であった。

潮田又之丞高教《うしおだまたのじょうたかのり》

●モデルとなって四谷怪談に登場

「四谷怪談」で、小仏小平が秘薬を盗んでなぶり殺され、お岩と戸板の裏表にはりつけて流される。その小平の欲しがった薬は、主人小汐田又之丞の足なえを癒すためだったという話になっている。

潮田又之丞（三十五歳）がモデルである。

実際は、剣は高松の剣客奥村無我に、兵学は近藤源八に学び、医学、薬学にも通じていて、内蔵助とはきわめて親しかった。討入りのあと、上野介の首級を槍にくくって引き揚げたのがこの人物だ。

江戸の浜町で船宿の船頭をして、隅田川会議を切り盛りしたというのは俗説。ただし隅田川で舟上会議があったのは実話で、ここで内蔵助の意向を伝えた。だから芝居や講談の俗説はまったく根も葉もない虚構というわけではない。

変名は原田斧右衛門。医者だった伯父の姓を名乗った。又之丞は三味保童円《さんみほどうえん》という秘薬の製法を医師田中道的に教えると約束していたが、細川家お預けとなってのち、手紙で教えたというくらい律義だった。

早水藤左衛門満堯《はやみとうざえもんみつたか》

●遊廓では知られた顔

十八歳の橋本平左衛門は一味に加わりながら、曾根崎新地の遊女はつと心中した。公《おおやけ》になっては浅野家中の恥、またどんな処分の理由にされぬとも知れぬ……。そこで藤左衛門が、死骸をもらい受け、抱え主に交渉して内済にすませた。

この手際がよかったので、この中年の独身男は、遊廓ではちょっと知られた顔ではなかったか、と推理されている。

藤左衛門（四十歳）は、刃傷事件を知らせた第一の使者の正使である。四日間、不眠不休で早駕籠を乗り継いで江戸から赤穂へ走った。寝耳に水の報せを受けた内蔵助ら在藩の家臣は、この急使に仰天することになる。

藤左衛門の実父は岡山の郷士山口弥右衛門で、元禄十二年に早水四郎兵衛の養子となった。浅野家の奉公は短かかったが、星野勘左衛門に学んで強弓をひき、武士の魂は固かった。近松勘六、萱谷半之丞、堀部安兵衛らと親交があったという。

赤埴源蔵重賢《あかばねげんぞうしげかた》

●「あかばね」が赤垣に——

源蔵（三十五歳）の妹は宇都宮の城主阿部対馬守の家来田村縫右衛門に嫁していた。十二月十二日、妹に別れを告げにいくと、舅が出てきて、「浪人の身で着飾っているとは何ごとか。藩中一同腰抜けであれば是非ないが、誰も意見しないゆえ、拙者が申しあげる」という。

しかし源蔵が、「今日は久しくお目にかかっていないので、ご挨拶にきました。一両日中に遠方にまいり、いつお目にかかれるかわかりませんので……」というので、酒をすすめた。源蔵は、日頃たしなまない酒を飲んで帰った。

そしてその二日後、討入りのことを聞き、縫右衛門の父は後悔した――、という話を、久松家お預けの浪士から聞き、波賀清太夫（朝栄）が「覚書」に書き残している。源蔵のお預け先は細川家である。

細川家でも、源蔵は酒を飲まなかった。口数が少なく、何も語らなくなっていた。

その源蔵の、あかばねがいつの頃からか赤垣と姓がかわり、堀部安兵衛と並ぶ二大呑んべえに仕立てあげられたのは講談、浪曲の影響だ。

雪の中、源蔵の兄脇坂家家臣塩山伊左衛門宅へ饅頭笠に赤合羽、一升徳利をさげてやってくる。しかし兄は不在。兄嫁は日頃酒の無心をする源蔵を嫌って出てこない。仕方なく兄の紋付を掛けさせて、別れの盃をかわして帰る。戻った兄が源蔵をなつかしむと翌朝討入りの知らせ。源蔵も加わっていたと知って源蔵の形見の品を並べて詫びた――

とこんなぐあいになる。

奥田《おくだ》孫太夫《まごだゆう》重盛《しげもり》

●二度も主家が改易に

歴史は繰り返すという。孫太夫（五十七歳）父子は主君の刃傷でともに主家を改易されて浪人した。運命であろうか。

孫太夫は、祖父、父とも代々鳥羽の城主内藤和泉守忠勝に仕えていた。忠勝の姉波知が浅野采女正長友に嫁したとき、祖父と孫太夫（当時兵左衛門）は付人として浅野家に移り、波知（内匠頭の母、戒珠院）が亡くなったあとも浅野家に残った。そのため、浅野家改易に出合う。

父の仕えていた内藤家は、それ以前、延宝八年芝増上寺の四代将軍家綱の法事の席で、忠勝が永井信濃守に刃傷に及び、ために内藤家は改易となっている。

前の刃傷事件から二十一年目に、今度は内匠頭の刃傷で浅野家が取り潰された。不幸なめぐり合せというべきだ。

孫太夫は、堀部安兵衛、高田郡兵衛（脱盟）とともに、江戸急進派の一人。三人だけでも吉良邸に斬り込もうと決意したほどであった。仇討ちに賭けた情熱の激しさは吉田忠左衛門も困り果てたほどだったという。

矢田五郎右衛門助武《やだごろうえもんすけたけ》

●刀を折ったのが心残り

討入りの夜、吉良邸の広間から書院に進もうと廊下へ出ると、ひそんでいた敵が斬りつけてきた。幸い下に着込みがあったので傷はうけなかった。振り返りざま斬り返すと相手は倒れた。だが二の太刀は火鉢に当たって、ポキリと折れてしまった。倒した敵の刀を拾って戦ったのが、心残りだと矢田は切腹の日まで気にした。

祖父は徳川家康に仕えた矢田作十郎、三河武士として名をはせた。父利兵衛の代に浅野家に仕え、山鹿素行に兵学を学ぶ。剛毅の気風は、家系ともいえよう。

講談では、猿曳きを手討ちにして主君内匠頭を怒らせ、浪人して夫婦別れをするが、行列に狼籍をはたらいた武士を取り押えて帰参が叶い、主君の命令で妻を娶ることになって、もとの女房と二度の婚礼をするというが、この話創作らしい。

「親類書」に妻の名はなく、曽祖父の名をついだ一子作十郎は、のち叔父吉川家の養子にはいった（二十九歳）。

大石瀬左衛門信清《おおいしせざえもんのぶきよ》

●脱盟した兄を義絶

伯父の大石無人は浅野長重に仕えていたが早くに浪人した。忠義の心あつく、仇討ちに加わりたいと申し出たが、主家を去って久しいので止められている。そこで、郷右衛門・三平の二人の息子ともども、赤穂浪士のシンパとして応援した。

瀬左衛門（二十七歳）の兄孫四郎は、円山会議の席に出席しながら脱盟したので、弟の瀬左衛門はこれを義絶。内蔵助は「大石家で腰抜けでないのは自分ら父子と瀬左衛門だけだ」と書き記している。大石の一党もさまざまだ。

瀬左衛門は忠義の武士ゆえに、貧乏していた。伯父・無人に借金を申し入れ、仇討ちには三平から贈られた小袖を着用している。

また、内匠頭切腹を報らせた第二の使者の大任を原惣右衛門とともにりっぱに果たしたことでも知られている。

俗説では日下部嘉兵衛の娘たまの武術自慢の鼻を折ったのが逆に惚れられ、持参金を断って、その代りに正宗の名刀をつけて嫁にとることになっている。夫婦の仲はよかったが、仇討ちが決まるとたまは実家に戻り、夫の切腹後尼になった。「親類書」には妻子はみえない。

中村勘助正辰《なかむらかんすけまさとき》

●忠臣蔵版・韓信の股くぐり

奥州白河の松平大和守の家臣三田村小太夫の次男（四十八歳）だが、赤穂の中村庄助の娘を妻として入婿した。

隣藩岡山池田家の若侍が、酔って無法な振舞いに及んだとき、じっと我慢して「生命の惜しいのは誰も同じこと。私の生命はご主君のお役に立つべきものです」といったというエピソードが残っている。

勘助は、妻と十五歳の忠三郎、五歳の勘次、それに大野瀬兵衛の妻となった娘、さらに下に二人の娘と、子宝に恵まれた。仇討ちが近づくと、家族は勘助の生家である奥州白河に預けられた。のち遺族の処罰で長男は伊豆大島に流罪となり、宝永三年許されて、三田村家に戻ったが若くして亡くなった。

勘助には、薪割りをしている百姓の赤錆の刀を買いとったら、五郎正宗の名刀だったという話があるが、これは眉つばで、白河へ旅するとき内蔵助に五両の借金をした記録が残っている。

間瀬久太夫の妹は中村庄助の妻、勘助とは叔父・甥の仲である。

菅谷《すがや》半之丞《はんのじょう》政利《まさとし》

●本当は逸話の少ない美少年

浅野家の譜代の臣で、お家改易後三次の兄岡本松之助に厄介になり、耳や足が不自由なふりをしていたが、内蔵助からの手紙で姿を消し伏見に住んで側近として働いた（四十四歳）。

きわめてエピソードは少ない。そこで後年にさまざまな俗説をつくり出している。

まず、たいへん美少年であった。父の若い後妻が誘惑するのをはねつけると、逆恨みされてざん訴された。そこで主君内匠頭が心配して、秘かに脱走させた、という。

この話に尾鰭がついて、脱走のあと後妻は大須賀次郎左衛門と通じて父平兵衛を毒殺して逐電。大須賀は吉良家の付人になっていたので、討入りの際姦夫姦婦を血祭りにあげて仇を討った——と発展する。十年も前に死んだ父親に後妻のいようはずもない。

妻子の記録はみえないが、俗説では家主の娘おふじと夫婦になり、主家の兇変から半之丞の馳けつけ、妻子の病死、切腹の覚悟を止められるドラマチックな物語を添えている。

千《ち》馬《ば》三郎《さぶろ》兵衛《べえ》光忠《みつただ》

●〝汚名挽回〟に討入り加入

祖父は仙石兵部少輔の家臣で大坂の陣で討死した千馬内蔵助。父は永井日向守の家来求之助。二十歳のとき一族の赤穂藩千馬家の養子となり、養父歿後に三郎兵衛の名を継いだ（五十一歳）。妻は同藩の刈部弥次郎の娘だが八年前に病死していた。

追従をいう人ではなかったから内匠頭の不興を買って、百石の知行を三十石に減らされる。もはや退身するよりないと大坂に引越そうとしたとき、兇変が起こる。そこで武士道を立てるために思い止まって、仇討ちの一味に加わったのである。

俗説では、若い頃に三島の宿で槍持ちの間違いから天九郎勝長の名槍を召しあげられたのを奪還、紀州家の家来をおおぜい斬る。無法に抗戦したのでお咎めはなく、堀部弥兵衛の推挙で浅野家に仕官したことになっているが、すでに二十歳で養子に入っているのだから、この話もフィクションである。

木村岡右衛門貞行《きむらおかえもんさだゆき》

●血染めの一首

十二月十五日、泉岳寺に引揚げたあと朝食の粥が振舞われた。その接待役の一人、十七歳の僧月海が岡右衛門（四十六歳）に尋ねた。

「皆さん右肩に姓名札をつけているのに、あなたの左肩の〝英岳宗俊信士〟の法名はどなたから授ったのですか」

「これは播州の盤渓《ばんけい》禅師から授ったものです」

そこで感激した月海は何か書いてほしいと頼むと、「思いきやわが武士《もののふ》の道ならで　かかる御法《みのり》の縁《えにし》に逢ふとは」の一首を認めた。このとき、右手の指から鮮血が落ちた。岡右衛門が「書き直しましょう」というと、月海は「一滴の血痕一入結構です」と、そのまたいせつにした。

この話を後年「白明話録」に残している。

松平家へお預けのあと、大坂の妻とめ（同藩牧太郎左衛門の娘）へ宛てて、「岡右衛門は主君のために命を捨てたのだから、妻は甲斐甲斐しく、取り乱すことがないように」と手紙に書いている。長男惣十郎はのち僧侶となり、次男次郎四郎は旧赤穂藩士大岡藤左衛門の養子となった。

岡野金右衛門包秀《おかのきんえもんかねひで》

●大工の娘との悲恋は？

吉良屋敷裏門で営んでいた米屋五兵衛の手代になったのが、九十郎と名乗っていた金右衛門（二十四歳）。ここへ毎日買物に通うのがおつやという娘。吉良屋敷を建てた大工の棟梁平兵衛の姪ということが知れたので、恋仲になって夫婦約束をする。

棟梁の秘蔵する絵図面を手に入れたのが九十郎の大手柄。討入りの前日、おつやに金を渡して近々世帯を持とうと喜ばせるが、討入りの徒党のなかに恋しい男がいたと知って、伯父とおつやが駆けつける。内蔵助は絵図面の礼をのべた――。

これは俗説だから、米屋が酒屋になったり雑貨屋になったり、伯父が親になったり、ちょいちょいかわる。

もう一つの俗説は放蕩の内蔵助に仇討ちの意志がなければ討とうと、親子で山科の大石家に忍び入ると、主税が諫言して切腹しようという騒ぎ。そこで初めて内蔵助が仇討ちの決意を語るのを盗み聞いて、父親は屈死する。九十郎は父の名を継いで金右衛門となり仇討ちに加わる。

実際は、一味に加わっていた父は前年九月に病死、討入りの前に赤穂の母に送った手紙に、「亡君のために命を捨てるのは亡き父上へ孝養をつくすこと」とある。

父の兄は小野寺十内、その子幸右衛門、大高源五とは従兄弟になる。

神崎与五郎の金右衛門を詠んだ「神無月しぐるる風は越ゆるとも　同じ色なるすえの松山」の歌から、悲しい恋があったらしいと推理されているが、いまとなっては確かめようもない。

不破数右衛門正種《ふわかずえもんまさたね》

●武骨一辺倒の直情径行

父は岡野治太夫、浅野家を浪人して佐倉新助と名を変えた。その子正種（三十四歳）は不破家の婿養子となり、養父の数右衛門の名を継いだ。

兇変の起こる四、五年前に、死体を発掘して据物斬りにしたこと、勤務を怠って同僚と折合いが悪いこと、金がないといいながら酒を振舞ってどんちゃん騒ぎをする、この三カ条のお咎めで閉門を申し渡されたが、不服を唱えたので暇を出されたという。直情径行型だから、サラリーマン的気風には馴染めなかったらしい。

武骨一辺の数右衛門は浪人しても忠義の心が篤かった。講談では、そのうえ大の疎忽者に仕立て上げられている。
★鉄砲州の屋敷近くに火事があり、誤まって紀州家の人数のなかに馬を乗り入れて数人斬った。
★愛宕下の青松寺で浅野本家の墓参を欠かさず、国家老浅野権太夫に声をかけられ、足軽奉公することになり、変名のほうがよいとなると、「苗字はなしでただの権兵衛でよろしうございます」
★兇変のあと、浅野家を擬した芝居を見ているうちに怒って舞台に上がり、敵役をポカリポカリと殴ってしまった。
★また、討入りと決まると妻縫は一間に入って伜秀之助を刺し殺し、みごと自害して励ました。
　こんな挿話がもっともらしく語られるのも、数右衛門の一本気の性格を反映しているせいだろう。

　浪人しても二君に仕えず、仇討ちの計画があると聞くや内蔵助に懇願して一党に加えられた。それからは江戸の急進派として大いに活動し、討入りのときは凄烈な戦いぶりをみせたと同志をおどろかせた。

　当夜の報告書によると、数カ所切りつけられている。帷子を着込んで無疵ではあったが、小手も着物も切り裂かれ刀はささらのように刃がなくなり、四、五人も切りとめたとある。勇躍たる情景が浮かぶようだ。

大高源五忠雄《おおたかげんごただお》

●四つのエピソードの〝真偽〟

逸話が多いことでは、赤穂浪士のうちでも五指にはいろう(三十二歳)。

その一　浅野内匠頭参勤交替の道中の三島宿で、先に行く荷馬車を追い越そうとしたところ、荷崩れがして馬士の国蔵が難癖をつけた。詫びても許さない。大事のお供の途中とじっと我慢して、詫び証文に二分の金をそえて許しを乞う。ならぬ勘忍するが勘忍、討入りの知らせを聞いて国蔵は大いに恥入る——。

この話、三島でなく播州大久保の宿の出来事ともいい、馬士が破ったという詫び証文も見つかり、時期も討入りの東下りのときと諸説ある。そのうち、大高の話は神崎与五郎のエピソードとしてすり替った。

その二　四方庵山田宗徧《そうへん》に近づいて、上野介の在宅の確認をとったのが第一の功績。吉良家で催す茶会の夜ならば、かならずいるにちがいない。不在を襲っては努力が水の泡だからだ。大高は、十二月六日の茶会が流れたあと、十四日に開かれるという情報を宗徧から摑んだ。

その三　煤払いの笹竹売りに身をやつして吉良邸の動勢をさぐっていると、十三日、両国橋でばったり俳句の友宝井其角と会う。

「年の瀬や水の流れも人の身も」と句で問いかけられ、「あした待たるるその宝船」と付句する。其角は、自分の羽織をぬいで着せかけた……芝居の『松浦の太鼓』でもお馴染みの場面。

　俳名子葉といった大高は、十四日夜討入り前の料理屋の集合で、「何の其の巌《いわお》も通す桑の弓」の句を作って一同を励ましている。泉岳寺で「山を裂く力も折れて松の雪」と詠み、べつに「梅でのむ茶屋もあるべし死出の山」と松平邸で切腹の際に辞世を残している。俳人・子葉の面目を示している。

　その四　当夜、本田孫太郎邸に泊った其角、夜半の討入りに本多家に挨拶にきた大高を呼びとめて、「我が雪と思えば軽し笠の上」と詠みかけ、子葉は「日の恩やたちまち砕く厚氷」と続けた。

ただしこの話は虚構で、隣家に挨拶にいったのは片岡源五右衛門、原惣右衛門、大高は竹梯子を駆けのぼって一番乗り、下に紅の小袖を着込み、上は両面広袖の小袖というなりで、帯は黒の五重廻し。長刀なみの大太刀を振って奮戦している。

とても隣家に挨拶に行くヒマはなかった。

貝賀弥左衛門友信《かいがやざえもんとものぶ》

●同志の真意をさぐる役目

烏丸通り室町二条上ル綿屋善右衛門は京都で大きな呉服商だった。広島、赤穂の浅野家お出入りで、浪士の仇討ちを陰ながら後援していた。天野屋利兵衛はこの人がモデルだという。いよいよ江戸へ下ることになって、弥左衛門(五十四歳)は、妾おさんと娘お百を綿屋に預けている。

弥左衛門は吉田忠左衛門の実弟で、貝賀家に養子に入った。禄高は十両三人扶持と低かったが、内蔵助の信頼篤く、大高源五とふたりで、「内蔵助は腰抜けで頼みにならない、復讐は断念するよりない」と逆手に出て、同志の真意をさぐって歩いている。

はじめ百四、五十名いた同志はこうしてふるいにかけられたが、人の心を読むには適した年配だった。

村松喜兵衛秀直《むらまつきへえひでなお》

●親戚が多かったせいで……

実父は町人堀江九右衛門だったが、村松九太夫の娘と夫婦になり入婿した。長男は仇討ちに加わった三太夫、次男は小笠原長門守に任官していた。実の弟は両国辺に住む町人木屋孫三郎といった。喜兵衛（六十四歳）は江戸詰だったから、兇変は身近な大事件であった。

実直な喜兵衛は、仇討ちに参加せんと、赤穂に向かった。嫡子三太夫は部屋住みだから、まだ無禄。母の面倒をみるようにといって旅立ったが、あとを追ってきたので、父子で義盟に参加している。

江戸に戻ると、町医者荻野隆円と変名し八丁堀に住んでいた。あまり目立った動きはみせていない。江戸にはおおぜいの親類縁者がいて、おそらくうかつには立廻れなかったのだろう。

村松三太夫高直《むらまつさんだゆうたかなお》

●裏門からの一番乗り

「お前は戻って母の面倒をみてほしい」

「母上のことは弟政右衛門がいたします。ぜひ仇討ちのお供をさせてください」

東海道の神奈川宿で追いついた三太夫（二十七歳）は父喜兵衛に懇願した。道中で、父は何度も帰れといい、赤穂に入る直前にも厳しく申しつけたが、三太夫は肯んじなかった。

徒党の列に加わると、江戸の地理に明るい強味から、吉良の動勢をさぐるのに懸命だった。

講談の挿話――。三太夫は三村次郎右衛門と仲がよい。刀の研師竹屋喜平次に秘蔵の彦四郎貞宗を研がせる。仕上げをみるために縁側の腕木を見事に切る。討入り後喜平次は三村の書いた看板と腕木を家宝にする。

これもどうやら創作くさいが、血気さかんな青年らしく、討入りには裏門から、一番乗りを目指して華々しく奮戦したのは本当である。

岡島八十右衛門常樹《おかじまやそえもんつねき》

●大野九郎兵衛を追い出す

直情径行の人柄であった。身分は二十石五人扶持、札座勘定奉行。経理担当である（三十八歳）。赤穂城開城前後、城中は浮足立っていた。そんな時、札座役人の一人が藩金を持って脱走。このあと大野九郎兵衛が岡島を中傷したので潔癖な性格だけに許しておけぬと激嵩した。その見幕の激しさに、大野一家は逐電したという。

そういう強情なところは、十七歳年がはなれているが、実兄原惣右衛門に似ている。

原家から岡島善右衛門の婿養子となり、藤松、五之助という二人の男子と娘が一人いた。しかし、八十右衛門の妻は、幼い息子を出家させ、夫が切腹したあとのお咎めをのがれ、その後、中村善右衛門に再嫁したという。

八十右衛門には、べつに山賊退治をした武勇伝も残っている。

杉野十平次次房《すぎのじゅうへいじつぎふさ》

●できすぎている俵星玄蕃との友情

吉良邸探索に、十平次（二十八歳）は夜なきそば屋に身をかえた。毎晩本所近辺を歩くうち、尾州家浪人で宝蔵院流の槍の名手俵星玄蕃と懇意になる。

その玄蕃に、上杉家から百二十石で吉良家の付人にならないかという誘いがかかる。聞いた十平次は内蔵助に相談、内蔵助は原惣右衛門を松平家の用人に仕立て、二百石で召抱えると嘘をついて、上杉の仕官を断らせる。

討入り当日、山鹿流陣太鼓を聞いて助勢に馳けつけた玄蕃に十平次は、じつは赤穂浪士だったと打ち明ける。助勢を断わられた玄蕃、両国橋の橋際で、槍を小抱きに叫ぶ。

「浅野浪士に防げするものあればこの玄蕃がただ一刺にいたしてくれん」

講談、浪曲でお馴染みの話。俵星の名は、俵を槍で突きあげた武芸者の話と、大星からつけられた架空のもので、浅野浪士を応援した大石無人をモデルに、幕末になってつくられた逸話である。

十平次が貧困のなか身寄りのない母を抱えて、孝と忠義の板ばさみに苦しむ。内蔵助が十両の金を与えて看病するようにとさとし、それを聞いた母は息子を励まし、自害して仇討ちに出立させる話も有名だが、フィクションである。

なぜなら、十平次の母は生まれた年に死んでいる。近習役で八両三人扶持という食禄から、こんなエピソードが生まれたのだろうが、じつはこの一族はかなり裕福であったという。

吉田沢右衛門兼定《よしださわえもんかねさだ》

●四十七士きっての美男子

歌舞伎役者と見まごうほどの美男子（二十九歳）であった。

大井川の川越をするとき、役者に間違われ人足に囲まれて酒手をねだられる。しかし大騒ぎのなか、女侠客おいちが仲に立って、詫証文に五両を添えて無事通行できる。討入りのあとこの一件を聞いた浅野本家がおいちに礼をのべ、人足どもも詫びいった――。

これが講談で流布されている話だが、東下りのときは間瀬孫九郎、不破数右衛門もいっしょだったから、この話は虚構だ。ただし、美男子は事実だったようだ。

六十四歳の父忠左衛門が、内蔵助を補佐して奔走しているのを傍にみて、自分も率先して義盟に参加した。実母はすでに亡く、妹おさんは本多中務の家来に嫁し、浪人の弟伝内と、もう一人の妹おすへは播州亀山に住んでいた。討入り後、弟伝内は伊豆大島に流罪となり、義母おりんは、おすへ共々おさんの嫁入り先伊藤十郎太夫に身を寄せたという。

奥田貞右衛門行高《おくださだえもんゆきたか》

●泉水ですべった勘六を助ける

貞右衛門（二十六歳）には十九歳の妻との間に、二歳の清十郎がいて情愛こまやかな夫婦だった。しかし、妻の父、すなわち養父奥田孫太夫や異母兄の近松勘六が義盟に加わっているのに、自分ひとり仇討ちの列から離れることはできないと、岳父と心を合わせ、仇討ちの準備に奔走した。

江戸では医師西村清右衛門（孫太夫の変名）の倅、丹下という触れこみであった。討入りで、泉水にすべって勘六は怪我をしたが、引揚げでは貞右衛門が抱えるように肩を貸して行列に加わり、兄弟愛が見る者の胸を痛めさせた。

切腹の二日前に、遺書を認めている。息子清十郎の行末を案じて、ひとふりの脇差を託してこの名刀を本人に渡すが、金に困ったら売って役立ててほしいと書いている。清十郎は、奥田家を継がず、母方の実家仁尾家の養子になり実弟官右衛門の子として引き取られた。

勝田新左衛門武堯《かつだしんざえもんたけたか》

●じつは妻子がいなかった

公儀与力大竹重兵衛は、浅野家の行列に乱暴を働いた武士を見事にさばいた新左衛門（二十四歳）に惚れこんで、娘八重と娶せる。夫婦仲もよく、新之助という子も設けた。浅野家が改易となり、新左衛門は妻子を実家に預ける。重兵衛は吉良邸討入りを心待ちにしているが、いっこうにその気配がない。

やがて両国橋で大根売りの新左衛門とバッタリ出会い、明日尋ねてくるように申しつける。翌日仙台侯に召抱えられたといって尋ねる新左衛門。重兵衛は嘆き怒る。

しかしじつは討入りの暇乞いだったと、翌日朝湯の噂で聞き、読売りで新左衛門の名を見つける。重兵衛は裸のまま飛び出して大喜び……。

これは講談の話。実際には新左衛門には妻子はなく、父母も十五年前に世を去っている。孤独な青年に同情した後年の創作だろう。

大高源五、堀部安兵衛と気脈を通じ、なかなかの剣の遣い手で、江戸急進派の一人であった。討入りには表門から斬り込んでいる。

武《たけ》林《ばやし》唯《ただ》七《しち》隆《たか》重《しげ》

●中国人を祖先にもつ勇者

四十七士のなかではエピソードが多い。
★浅野内匠頭の月代《さかやき》を剃るとき、脱けそうになった柄を主君の頭でトントンとすげた。
★本家への使者を忘れて竹刀試合をはじめ、負けても参ったといわない。
★あわてて馬に乗ったら反対で「馬丁《べっとう》、この馬、首がない」
★使者に行くべき屋敷を間違えて隣家に入った……。
つまり俗説では粗忽の見本のような人物として登場する。小者市助の切腹、母の自害励まされて主君の仇を討つ話も加わる。

祖父は、豊臣秀吉の朝鮮の役に捕虜となった中国人孟二寛。日本にきて帰化し、中国浙江省杭州武林の出身なので、武林治庵と名乗った。のち渡辺姓にかわり、父は浅野家に仕え渡辺平右衛門という。兄は半左衛門、唯七は祖父の姓を継いで武林である。兄弟で義盟に参加していたが、父も母も病の床につき、内蔵助の配慮で兄は孝行のため脱盟した。

唯七（三十二歳）は、中国人であることを誇りにし、しかも武道にすぐれた日本人になりきる強い意志をもっていた。堀部安兵衛と肝胆相照らす江戸急進派だったことでもそれがわかろう。

それだけに討入りの働きも目覚しく、上野介の孫で養子の左兵衛義周は討ち洩したが、物置では間十次郎が槍をつけたあと、躍りこんで上野介の肩先を斬りつけている。泉岳寺の焼香は、十次郎に続いで二番目。つまり殊勲者だったのである。

倉橋伝助武幸《くらはしでんすけたけゆき》

●内匠頭との固い絆

旗本の次男坊（三十四歳）だったが、放蕩の末に浅野家に仲間奉公。武芸大会でのきびしい批評が、主君の耳にはいり武芸の腕を試されるが、弓馬の道にすぐれていたので新規百石でお召抱えになった……というのが講談、浪曲の俗説。

七歳で父に死なれ、家督を継いでいて、近侍小姓として寵愛された。たいへん利発であったという。三歳年上の内匠頭（当時又市郎）が浅野家を相続したのが九歳のときで、この幼い主従は以来二十五年にわたって、信頼の上に立って、固い絆で結ばれた。

主君が切腹したあと、江戸の急進派と同調して、「われわれだけになっても主君の仇を討とう」と、浅草の茶屋で武林唯七、前原伊助ら六人と誓いを立てている。

前原《まえばら》伊《い》助宗房《すけむねふさ》

●講釈師、見てきたようなウソをいう

★幼くして宝蔵院流の槍を稽古し、江戸へ出て疱瘡にかかり顔が醜くなって浅野家に奉公、槍の手柄で侍に取り立てられた。
★乞食の姉弟を助けたら、狙われている敵と知れ、二人に武術を教えて討たれようという心。
★討入りのあと、切腹の介錯人にその弟の庄太郎を頼んだ――。
　という講談はまるきりの嘘八百。介錯人は毛利家の鵜飼惣右衛門。伊助（四十歳）の父は自休という浅野の家臣、すでに他界しており、母も九年前に世を去った。妹は播州一柳家の小川彦兵衛に嫁していて、伊助に妻子はなかったらしい。

　日本橋で古着屋を開き、のち吉良邸の裏門近くで米屋五兵衛という呉服屋として、行商もやりながら邸内の様子を調べていた。

　火事の半鐘が鳴ると、高い所に昇って、吉良邸の見取図を書いたりもした。こうした忙しいなかで書きとめた「赤城盟伝」が、その苦心のさまを伝えている。

矢頭右衛門七教兼《やとうえもんしちのりかね》

●母妹とのつらい別れ

右衛門七の父長助は、赤穂城開城の残務整理をすませ、大阪にそろって移った。母と三人の妹、一家五人の暮らしは貧乏のどん底にあった。しかもその最中に、明日をも知れぬ病の床についてしまった。

「父の志をついで、亡君の仇を討ってくれ」

長助は十七歳の伜にいった。右衛門七は、山科の内蔵助を尋ね、「父への孝養のため、同志にお加えください」と頼む。はじめ渋っていた内蔵助も、義盟に加えた子息主税が一歳年下なので断りきれなくなった。八月十五日、長助は死んだ。

右衛門七は、母と妹を越後の叔父に預けようと旅に出たが女手形がなくて関所を通れぬまま、大阪に引き返す。仇討ち出立にもう時間がない。母は、自分たちのことは心配するなと訓し、息子を旅立たせる。

右衛門七は千馬三郎兵衛、中田理兵次（のち脱盟）といっしょに東下りをし、討入りに参加する。兜頭巾の裏には「円月霜光居士」と父の戒名が記されてあった。

長助と二人ぶんの若武者の働きは、その夜目覚しかった（十八歳）。

茅野和助常成《かやのわすけつねなり》

●新参者でも忠義は人一倍

津山藩森内記に奉公していたが、改易を命ぜられて浪人したので、元禄十年浅野家に仕えている。そしてここでも、四年後に主家断絶の憂目をみるのである。

和助（三十七歳）は、三度目の主取りはしなかった。新参者ではあったが、いっしょに森家から浅野家に仕えた神崎与五郎と、徒党に加わったのである。

父はすでに亡く、母は弟加太夫と作州に残っていた。赤穂へ出た和助は、中裕玄の娘と夫婦になり、一子猪之助をもうける。妻子を置いて江戸に出た和助は、内蔵助に信任されてよく働いている。討入りでは、裏門を固め、逃げ出る吉良勢に半弓を射た。

泉岳寺に引揚げたあと、僧月海こと、のちの白明和尚に、和歌と俳句を各一首残している。

「天地の外はあらじな千種だに　もと咲野辺にかかると思へば」、「世や命　野中で消える世や命」。

横川勘平宗利《よこかわかんぺいむねとし》

●早野勘平のモデルの〝功績〟

「忠臣蔵」でお馴染みの早野勘平は、横川勘平（三十七歳）の名と、討入りに参加せず切腹した萱野三平がごっちゃになったものだろう。

勘平は、作州浪人各務《かがみ》宗右衛門の孫。父はやはり浪人で赤穂にいた横川祐悦《ゆうえつ》。勘平は五両三人扶持の低い身分だったが、忠誠心は人一倍。母は父の妾、姉は津山から消息を絶ち、弟勘左衛門は義絶した。

内匠頭が芝増上寺の火事に、大名火消として出動した際、勘平はその目覚しい働きを認められて赤穂城焔硝蔵奉行を仰せつけられた。歩侍に出世した感激はたいへんなもので内匠頭の信任に涙を流して喜んだという。

刃傷事件以後、その恩にむくいるため、勇躍して仇討ち決行のために働いた。身分の低い自分ですら忠義をつくすのだ、いわんや上士、中士が厚恩を蒙りながら脱盟していくとは何事か！　彼はその怒りを内心にたぎらせながら討入りにのぞんだ。

また、吉良家の茶会に招かれる僧侶と懇意になり、この僧侶が無学なので手紙の代筆などもしていた。そして、吉良家からの手紙をみて十四日の茶会を知った勘平は、すぐ内蔵助に知らせた。これは大高源五の情報ともピタリ符合する。彼もまた、討入りの日を決定した功績者であった。

神崎与五郎則休《かんざきよごろうのりやす》

●堀部安兵衛と並ぶ酒豪

東下りの途中、浜松または箱根で馬喰の丑五郎に無法を言い立てられ、詫び証文を書いた話は大高源五が神崎にすり替ったものだ。伝説は、実説とはべつのイメージをつくりやすい。大高と共通しているのは与五郎（三十八歳）も俳諧をよくしたことだろう。俳名竹平《ちくへい》。

隅田川の船中会議のときに、

「鳥の名の都の空も忘れけり　隅田川原に澄む月を看て」「てる月の円かなるよにまとゐする人の心のおくも曇らじ」

と詠んでいる。

父半左衛門は津山藩森家の旧臣で、主家断絶のあと浅野家に仕官した。五両三人扶持である。河野九郎左衛門の娘を妻にして赤穂へきたが、わずか四年で再び浪人の憂目にあうのだった。

堀部安兵衛と並ぶ酒豪で、斗酒なお辞せず、豪放磊落だった。「浅草眺望」という漢詩をこしらえているが、「首を廻すと酒旗が颯々とみえるが、金がなくて涎が流れるのを拭う」と詠んでいる。

討入りでは半弓で逃げ出る敵を射た。だから、文武両道の武士であったといえる。

水野邸お預けのあと、与五郎には養生酒が与えられたという。

歌舞伎では、千崎弥五郎の役名だが、則休《い》という名前は、本名からとっている。

三村次郎左衛門包常《みむらじろうざえもんかねつね》

●悲惨だった浪人生活

七石二人扶持の台所役人（三十七歳）。足軽寺坂吉右衛門よりすこしましな身分だったが、生活の貧困は浪人してなおひしひしと押し寄せてきた。

妻は懐妊したが、育てる自信がなく堕胎。それがもとで他界する。家族といっても松平右近の家来安積上閑の娘であった老母がひとり。

そんな軽輩に同情して、講談では父喜兵衛が主君内匠頭の媒酌で物頭役の娘と縁組をして御恩を受けた。朋輩も一目置くようになってその御恩返しに仇討ちに熱心だった――という話をこしらえている。

内蔵助に「大事にのぞんでは身分の上下はないはず」と嘆願し、徒党に加えられた。討入りでは命を賭して働いた。裏門を大槌で破ったのも、玄関の戸を壊したのも、次郎左衛門である。

薪割りになって、刀研ぎの名人竹屋喜平次の家で無銘の刀を鑑定したり、看板を揮毫した俗説は、根拠のない逸話である。

寺坂吉右衛門信行《てらさかきちえもんのぶゆき》

●切腹しなかった理由

「忠臣蔵」七段目一力茶屋に出てくる寺岡平右衛門に、大星由良之助はこういう。
「そこもとは五両三人扶持の足軽、お腹立てられな、鉢坊主《はっち》の報謝米ほど取っていて、命を捨てて敵討ちしようとは、そりゃ青海苔貰うた礼に、太々神楽打つようなもの」

実際の寺坂は三両二分二人扶持で、芝居でいうよりさらに微禄であった。主人は吉田忠左衛門。その前途を見届けるために仇討ちに加わったという説が、いまでは濃厚だ。

講談にある吉右衛門は捨て子を拾われ、成長して下女と忍び逢い勘当をうける。旧恩を忘れず娘お軽の身売り、忠左衛門の濡れ衣を晴らすといった話になっている。

寺坂の父は、やはり吉右衛門といった身分軽い船役人。母は同藩川端与右衛門の娘。妻は下村長次郎の娘だったのだから、浅野家に代々関わっていた。一味に加えられてから主人のため内蔵助のために、まめまめしく働いている。

討入りの翌朝、吉右衛門は徒党の行列から姿を消した。のちに徳富蘇峰はきびしくこの逃亡を責めたが、じつは内蔵助や忠左衛門が命じて消えたのではないかと、今日では考えられている。瑤泉院や浅野大学に討入りの模様を伝える使者を仰せつかったのである。

あるいは足軽ごときが義盟に加わっていてはのちのそしりを受けることも考えられる。公儀への憚りもある。そのどれが正しいかわからないが、寺坂吉右衛門は一人生き残って、主人の長女おさんの嫁ぎ先伊藤十郎太夫の家で二十年間遺族の世話を焼いた。

そのあと、江戸へ出て麻布の曹渓寺の寺男になった。高輪泉岳寺まで、さほど遠くはない。墓参りに専念したことだろう。

のち旗本山内主膳に奉公して、延享四年八十三歳で生涯を終えた。晩年になって、孫の同名信成が「寺坂信行筆記」をまとめた。

内蔵助も、忠左衛門も、「かろき者の儀、是非に及ばず候」と嘆いたというが、身分が軽い者だからこそ、使者を命じ、後世の語り部たる役目を負わせたのではなかったか。

全国を風靡した〝奈良丸くずし〟

大正時代に「笹や節」は、〝奈良丸くずし〟と呼ばれて日本全国に風靡した。浪曲の全盛時代。歌詞はこうである。

「笹やさゝ〳〵笹やささ、笹は要らぬか煤竹《すすだけ》を、大高源吾は橋の上（浪花節）あした待たるる宝船」

「赤の合羽に饅頭笠、降り来る雪もいとわずに、赤垣源蔵は千鳥足

（浪花節）酒にまぎらす暇乞《いとまごい》」

「胸に血を吐く南部坂、忠義に厚き大石も、心を鬼に暇乞い
（浪花節）寺坂来たれと雪の中」

「春ちゃん今年は幾つなの、お隣《となり》の光《みつ》ちゃんとおない歳。そんなら光《みつ》ちゃん幾つなの
（浪花節）やっぱり私と同《おな》い歳《どし》」

きっと、年配の方なら口ずさんでいたにちがいない。浪曲でも、「忠臣蔵」物は大繁昌だった。武士道精神が鼓舞された時代の反映でもあろう。桃中軒雲右衛門が大陸浪人と自称する宮崎滔天と深き交わりを結び、国家主義をさかんに喧伝していた。

雲右衛門の「南部坂雪の別れ」も名文句で多くの人に親しまれた。

「御納戸羅紗《おなんどらしゃ》の長合羽《なががっぱ》、爪がけなした高足駄、二段はじきの渋蛇の目、あとに続くは大石の、ふところ刀寺西弥太夫、来るは名代の南部坂」

その「南部坂」も吉田奈良丸は詞章がこうかわる。

「鳥が鳴く、吾妻の空も人の身の、雪にはいとど曇り勝ち、涙の雨に片仮名の、夜を籠めて降る白妙に、花のお江戸のいらかさえ、皆一様

の銀世界、ここは赤坂南部坂」

その吉田奈良丸の「大高源吾」も名文句だ。

「富士と筑波の山間《やまあい》を、流れも清き隅田川、下は品川大海の、沖で鷗と云いつれど、ここへ飛び来《く》りゃ鳥の名も、粋に変りて都鳥。往き通う船の苫さえも、白く見えたるあでやかさ、橋のなかばに佇んだ、大高源吾の笹売りが、あたりの景色を打ちながめ、ああ世が世であれば殿様と、数奇を集めしお囲いにて、友と睦みて松風の音を聞きながら見し雪も、今日は草鞋《わらじ》に踏みしだく、かかる姿に相成るも、みな上野のなせしわざ」

吉良上野介は、極悪人の見本のように描かれていた。

忠臣蔵・不義士列伝

★浅野家の88％が仇討ちに参加しなかった

赤穂の浅野家改易のあと、四十七士は本所の吉良上野介屋敷に討入って、めでたく本懐をとげ、「赤穂義士」と呼ばれ、今日にいたるまでその一人一人が追慕されている。

当時、「浅野家分限帳」によれば、四人の家老以下約三百八十人の家臣を擁していた。つまり参加者は一二％にしかすぎなかったことになる。逆にみると八八％の人びとが不参加だった。まず気になるのは、なぜ不参加なのだろうかということだ。

参加しなかった人たちには「不義士」という芳しくないレッテルが貼られたが、忠君愛国の教育が行き届いていた時代ならともかく、平和・自由を建前とする今日、「不義士」と片づけてしまってよいものだろうか。

★大野九郎兵衛は卑怯な逃亡者か？

三百八十人の家臣のうち、医師・坊主・茶道・奥様衆という非戦闘員を除くと、三百二十人。江戸詰、主君内匠頭のお供組を除いて、二百二十余人が三月二十七、八、九日の赤穂城中大会議に出席した。

ここで、四つの議論にわかれた。

1　主戦籠城論（収城使を相手に一同玉砕を覚悟で戦おうというもの）
2　復讐論（目指す敵は吉良上野介であるから、彼を仇討ちしようというもの）
3　無条件開城論（幕府に逆らうことはさらにお咎めを重ねるから降伏すべしというもの）

4　殉死嘆願説（城の前で一同切腹して浅野家再興を公儀にお願いしようというもの）

はじめから無条件開城を唱えていた筆頭が、家老の一人大野九郎兵衛（六五〇石）。「仮名手本」の斧九太夫のモデルである。金銭に執着する老獪な裏切り者というイメージが強いが、財務の手腕はなかなかたいしたものだった。

議論百出のすえに、いったん開城と決まったあと、分配金を知行高にすることを主張した。札座奉行岡島の輩下が金を盗んで逃げたので、岡島も同罪だと辱しめたので、岡島が怒って大野を斬りに押しかけ、あわてて逐電。卑怯な逃亡者の汚名をかぶせられている——。

大野は、四つの方法のうち無条件開城以外に道はないと判断していた。しかし、突然の大事件に動転した人びとが、クールな判断を受け入れる余地はなく、逃亡せざるを得なかったということだろう。結局大野が赤穂を去ったあと、無条件開城と浅野大学をもってお家再興を嘆願するという、彼が唱えていた説が採られた。

弟の組頭伊藤五右衛門もはじめから開城論で、三次の浅野土佐守に使者に立ち、家中が動揺しないようにという諭告状を書いてもらっている。

用人田中清兵衛、植村与五左衛門も同意見だった。玉虫七郎右衛門も外村源左衛門も四百石の物頭役・組頭だったが、開城論で早々に退散した組である。

そして大野の伜郡右衛門も、父とともに赤穂を去った。四月十三日、赤穂御崎から船で大坂に向かったが、その後の消息はいろいろあって、はっきりしない。

★無能だった二人の江戸詰家老

その点で、あと二人の家老は当時江戸にいたので、渦中にまきこまれなかった。

藤井又左衛門（八百石）は事件後の処置の手際が悪かった。それは、主君といっしょに江戸へ下った安井彦右衛門（六五〇石）も同様である。

内匠頭が勅使饗応役を命じられたとき、三次の浅野土佐守が五年前の元禄九年に同じ役目を勤めているので、親戚として当時の記録を貸与した。このとき、使者に立ったのが足軽頭の建部喜六と近藤政右衛門だった。二人は上野介に贈り物をしたほうがいいと注意され、主君に建言したが、潔白・廉直な内匠頭はしりぞけた。

家老の藤井、安井も殿様の申しつけをそのまま家臣として守っていればよろしい、というふうだったから、刃傷の大事件が勃発しても、機敏な処置がとれず、敵の上野介の生死すら、国許へ報告されなかった。

藤井のその後はわからない。安井は江戸詰の急進派から義盟に加わるようにすすめられ、その場では協力的な姿勢をみせていたが、あとで不届な輩だといった。すぐ豹変する政治家の風貌が浮かびあがってくる。

建部は、内匠頭の遺骸を田村邸から泉岳寺へ移した六人の侍の一人で、四人までが髻《もとどり》を切ったが、用人糟屋勘左衛門と建部の二人は切らなかった。糟屋ははじめ義盟に加わったが、建部と近藤は最初から加わっていない。

「われわれの進言を聞いて、贈り物をしておけば、こんな事態にはならなかったろうに」という、臍をかむような気持が奥底にわだかまっていたのかも知れない。

★彼らはなぜ途中で脱盟したのか?

以上が、はじめから仇討ちに不賛成だった人たちである。しかし、家中三百人近い人びとが結局は仇討ちに加わらなかった。その一人ひとりに、参加しない、あるいは参加できなかった事情があったと考えると、「忠臣蔵」の人間ドラマは、まだ隠された部分が大きく残っていそうだ。

井上ひさしの『不忠臣蔵』は、十九人の脱盟者の運命を、想像をめぐらしながら書いたが、それは陰の人びとのほんの一部分でしかない。以下、不忠な人たちをクローズアップしてみよう。

小山田庄左衛門――同志の金を盗んで逐電、父は憤死

芝居だと、せっぱ詰った愛人ができ、討入りの夜、居酒屋で泥酔して、義挙に加われないことになっている。まさに恋と忠義の板ばさみ。虚構だから、討入りの集合に行くまでの時間に馴染みの酌婦と酒を飲み、その女と寝てしまい、目がさめたら日が高く、討入りはとっくに終わっていたという、さえない話になる。

だが実話はもっと悲惨だ。

片岡源五右衛門の江戸の仮宅は南八丁堀にあった。貝賀、大高、矢頭、田中（貞四郎＝脱盟）と五人が同居していたが、あろうことか小山田は留守中にあがって、片岡の所持金三両と小袖を盗んで逐電した。生活に困窮している浪人だから、ほんとうらしく聞えるが、史書にはそう記されている。不埒な人だ。

もっと不運は老父小山田十兵衛（一閑）で、その伜の不忠臣を悔やみ、胸元から背後の壁まで貫く壮絶な自害をしている。

山鹿素行が赤穂を去ったあと、十兵衛がその教えを浅野家臣に講じていた。八十一歳の高齢ゆえに仇討ちには加われないが、伜庄左衛門に期待していたのだろう。その伜の名前がないばかりか、盗人の汚名までかぶせられたと知ったときの一閑の無念は、想像にあまりある。

高田郡兵衛――つまらぬおしゃべりで脱落者第一号に

江戸急進派の三人の一人でありながら、脱盟第一号になった。高田は、堀部安兵衛、奥田孫太夫とともに、主戦強硬派だった。ところが伯父の内田三郎右衛門が、評判のいい甥を養子にしたいと申し出た。兄の弥五兵衛の口から断ってもらおうとしたが、「よんどころない事情とは何か」と問いつめられて、つい仇討ちの計画をしゃべってしまう。

内田は、「公儀に楯をついて、御禁制の徒党を組んでの仇討ちなど、もってのほか」と叱りつけ、養子にくるなら黙っているが、断るのなら届けるという。困り果てた高田は、やむなく同志に相談して一味から抜けた。刃傷事件の年の十一月、あれから半年しかたっていない早い時期に、つまらぬおしゃべりから脱盟することになったわけである。

ただし、高田郡兵衛がやむ得ぬ脱盟なのか、変節漢であったのか、いまとなっては確かめようもない。仇討ち後、世間体をはばかって内田家を離縁になったという。

橋本平左衛門——遊女と心中

大坂曽根崎新地の遊女はつと恋をした挙句に、刺し違えて心中した（早水藤左衛門の項に記した）。義盟者から出た情死事件、青年の一途な人間模様が汲みとれる。

毛利小平太——最後の最後に突然逃げだす

本所林町の紀伊国屋店《だな》に、堀部安兵衛が剣術指南の触れこみで、変名で住んでいた。毛利も、小山田庄左衛門も、中村清右衛門も、鈴田重八も、つまり七人もいっしょに暮らしていて、うち半分以上の脱落者がいたことに注目したい。

いっしょに暮らしているのが仇討ち急先峰の堀部安兵衛だから、忠義の心は人一倍篤かったろう。日夜、君父の恩を説かれ、その挙句同志の三人まで離脱し、それでも毛利は最後の最後まで踏みとどまった。

どういう理由で脱盟したかわからない。彼も突然、行方不明になった。

身軽な毛利は、吉良家の探索もすばやかったが、自身の消え方もまた早かった。

萱野三平――勘平のモデルに恋物語なし

「忠臣蔵」のお軽・勘平の勘平のモデルだが、現実はそんな甘いラブ・ロマンスの主人公ではない。

父七郎左衛門は旗本大島出羽守に仕え、家老格であった。十三歳のときに主家大島出羽守の推挙で、浅野内匠頭に仕える。

兇変のあと、早水藤左衛門と、第一の使者として江戸から赤穂へ立った。途中、家の傍を通ると、母の葬式にぶつかっている。早水は寄ってこいといったが、涙をのんで通りぬけたという。

これはどうも作り話めいてくる。

故郷の萱野村に帰って仇討ちの機会を狙っていると、大島家が仕官をするようにとすすめた。両親は承諾したが、三平は仇討ちの参加の意志が固く、「忠ならんとすれば孝ならず」進退ここにきわまって、主君の命日の一月十四日、「晴れゆくや　日ころ心の花くもり　涓泉」の辞世を残して切腹して果てた。

遺書は大石内蔵助の許に送られ、一同はその心中に同情した。もちろん、お軽とおぼしい女性の影はない。

進藤源四郎——失敗を怖れ、親類四人と脱盟

系図からみると、いちばん近いのが進藤源四郎だ。小山源五右衛門は内蔵助の叔父にあたって、次に近い。その娘が大石孫四郎に嫁している。義士の一人瀬左衛門は弟。そして奥野将監の順になる。

進藤源四郎は大石の叔母の夫。叔母亡きあとは内蔵助の妻の実家の縁につながる女を娶っているし、内蔵助の二女を養女にしている。内蔵助が放蕩をはじめたとき、お軽という妾を斡旋したのも彼だ。五十の坂を越した分別盛りのこの男は、赤穂を去ったあと京都山科に移り、内蔵助一家に土地の世話もした。

元禄十五年七月、浅野大学の本家広島へのお預けが決定した。これで浅野家再興の希望は断

たれた。と同時に、仇討ちの計画が危険だと思い止まらせるよう働きかけている。

この前後に、義盟を結んでいた糟谷勘左衛門の婿が伏見奉行建部内匠頭の輩下であったために、計画が洩れて探索がきびしくなった。勘左衛門は息子の五左衛門ともども脱盟しているが、京都に住んでいる人びとにとって、事前に捕われたら恥の上塗りになりかねない。

情報を集めてみると、不安があまりに多すぎて、もし失敗した場合の一族のうける処罰を思うと、仇討ちが成功するのだろうかという危惧とともに、だんだん尻ごみしたくなるのも無理はない。

進藤は、藩医で当時は京の町医を開いていた寺井玄渓の説得にも耳を貸さず、脱盟した。晩年は半髪にして可言と号して隠棲、八十一歳の長寿を全うした。

小山《おやま》源五右衛門――情勢分析をあやまった内蔵助の叔父

内蔵助の信任の篤い叔父であった。にもかかわらず、七月二十八日に開かれた京都円山、重阿弥の「円山会議」に出席せずに、伜の小山弥六ともども脱盟した。

進藤源四郎よりすこし年上で、五十の坂をこした小山は、やはり浅野大学の広島本家お預けが原因で、一味からぬけた。内匠頭への忠義をつくす道は、仇討ちだけであろうか。もし仇討を決行したことで広島本家にまでお咎めが及ぶ事態になれば、由々しきことだ。急いでは失敗る、さりとて成功する確率は低い。

江戸の事情は京都ではよくわからない。風聞だけが頼りだが、それも噂はよくない。情勢を分析して、小山父子は一味からぬけたが、一党がめでたく本懐をとげたと知って、口惜しがった。

勝負は、そのときどきの判断できまる。小山の賭けは失敗した。潮田又之丞に嫁していた長女ゆうも、娘せつとともに離別された。

大石孫四郎――不忠義者とはいえない瀬左衛門の兄

京の「円山会議」には出席しながら、東下りには加わらずに脱盟した大石瀬左衛門の兄。二十九歳の孫四郎は、弟といっしょに赤穂を退散して、母、妻子、それに姉妹を連れて京へ出た。老いた母と、一家の生活が兄弟の肩にのっている。孫四郎は、二人が仇討ちに加わったあと、家族はどうなるかと思い悩んだにちがいない。岳父進藤源四郎も離脱した。それも不忠義ゆえではない。情勢を判断したうえでの態度決定だということを、知っていた。

脱盟したのは八月。弟は、兄を義絶した。しかし、孫四郎は赤穂浪士の義挙をたたえつつ、大石帯刀と名をかえて、近衛家に仕え、のち内裏のお使番もつとめ、剃髪して道入と称した。この人の人生も長く、思いも複雑だったにちがいない。

奥野将監――〝ほとぼりが冷めるまで待つべきだ〟

赤穂では千石取りの組頭であった。大石無人の妹を妻にしていたから、内蔵助とは親戚になる。思慮もあり、分別もある年齢であり大勢をたばねる立場にもあった。

三人と同様に、浅野大学の処分決定と、伏見奉行の弾圧の風聞から脱盟した。「仇討ちは時期が悪い、ほとぼりの冷めるまで待つべきだ」。これが脱盟者たちの言い分である。それをいちがいに裏切り者と呼ぶことはできまい。

この夏には、同志の人びとは浮足立った。

「浅野大学が本家へお預けとなったのは、御赦免と同じだ」。これで浅野家の面目も立ったのではないかという説も出る始末で、脱盟者が相次いだ。

灰方藤兵衛、田中権右衛門、糟谷勘左衛門、岡本次郎左衛門、山上安左衛門、多川九右衛門、多儀太郎左衛門、平野半平、幸田与三左衛門、糟谷五左衛門、杉浦作右衛門、梶半左衛門、田中序右衛門、田中代右衛門、近松貞六、井口忠兵衛、井口庄太夫、岸善左衛門、佐々小左衛門……この人たちは脱盟口上書を届けたが、無断で脱けていった人もまた多かった。

岡林杢助《もくのすけ》――不義をなじられ切腹

千石取りの組頭だったこの男は気の毒だった。幕臣旗本の松平家から岡林家へ養子にきて、刃傷事件でははじめから開城論であった。早々に赤穂を去って江戸へ出る。赤穂浪士が仇討ち本懐をとげたと知り、兄の松平孫左衛門と弟の左門にその不義をなじられたすえに、十二月二十八日に弟の介錯で切腹して果てた。

兄は町奉行に届けたが乱心のすえの死として片づけられてしまった。彼が後悔して切腹したのか、いやいや腹を切らされたのか、謎のままである。

近藤源八もやはり千石の組頭だが、はじめから義盟に加わらずに、隠棲している。

高禄をとっていた者に仇討ち参加者がすくないのが特長だという通説を裏づけるように、家老・組頭・奉行など役職者はいたってわずかだ。

〝不義士〟という芳しくない汚名を着た人たちにも、それなりの言い分も、主張もある。その声にも耳を傾けてみたい。

第三幕
映画・芝居・ウラ話なんでもござれ！

きわめつけ！「仮名手本忠臣蔵」百科

★当局のお叱りを恐れて時代設定を変えた

「仮名手本忠臣蔵」という正式な外題《げだい》は知らなくても、「忠臣蔵」は誰でも知っている。これは寛延元年（一七四八）八月十四日初日、大坂道頓堀の竹本座で初演された人形浄瑠璃で、全十一段。作者は竹田出雲・三好松洛・並木千柳（宗輔）の合作である。

「忠臣蔵」という言葉は、その二年前の延享三年に刊行された黒本（黒表紙の絵入り小説）の「忠臣蔵目附絵」からはじまっているようだが、赤穂浪士四十七士の討入りの人数と、いろはいろは仮名の文字の数とが付合するところから、「仮名手本忠臣蔵」という題がつけられた。

いまでは、「忠臣蔵」といえば、赤穂浪士の復讐事件を指して、誰も怪しまない。

五代綱吉の治世の時代はかなり多くの大名家が取り潰されている。喜多見若狭守三万石、本多出雲守五万石のうち三万石、水野美作守十二万石、本多中務十五万石のうち十万石、本多飛騨守五万石、織田監物・前田采女正各一万石、本多唐助十二万石、といったぐあいだ。

「忠臣蔵」という事件は、浅野内匠頭が吉良上野介に刃傷に及んだだけでは、成立しなかった。

刃傷、切腹、家名断絶だけではドラマには仕組めなかったろう。

なんといっても世人を驚愕させたのは、元禄十五年十二月十四日に四十七人が吉良邸に討入って亡君の復讐を果たした第二の大事件であり、翌年二月四日寺坂吉右衛門を除く四十六人に、全員切腹のご沙汰が下り、これが第三の事件となる。

つまり第二、第三の事件が世間の耳目を集めたといえる。

その十二日あと、堺町の中村座では「曙曽我夜討《あけぼのそがのようち》」という芝居で曽我兄弟の仇討ちになぞらえてこの一件を上演したが、三日で打切られた。

「前々にも命ぜられし如く、当時異事ある時、謡曲小歌につくり、はた梓《し》にのぼせ賣ひさぐ事、彌《いよいよ》停禁ずべし、堺町木挽町劇場にても、近き異事を擬する事なすべからずとなり」（徳川実記）とあるように、当局は神経をピリピリとがらせていたのだ。

宝永三年（一七〇六）には、「兼好法師物見車」という、近松門左衛門作の人形浄瑠璃が竹本座で上演された。

物語は、「太平記」の時代に移されて、好色の高武蔵守師直が、塩冶《えんや》判官高貞の妻が美人と聞いて懸想する。仲介を断わった侍従を殺し、塩冶に詰め腹を切らせ、塩冶の妻は家来の八幡六郎とともに吉田兼好法師の庵に来て、討手の大将を殺すという物語で、これが上・中の巻。

翌月は下の巻にあたる「碁盤太平記」が出て、ここで八幡六郎は大星由良之介の役名にかわった。山科閑居の場で、下郎岡平の忠義、母と妻の自害から仇討ちへの出立、そして討入りと、時代こそ足利に移しているが、そっくり赤穂義士の仇討ちを劇化したのである。

「鬼鹿毛無佐志鐙《おにかげむさしあぶみ》」は、正徳三年（一七一三）紀海音作の人形浄瑠璃である。小栗判官が妻照手姫の父、老臣横山左衛門の強欲を怒って刃傷に走る。照手姫は夫の敵である父への復讐を誓い、小栗の死骸を車にのせて道行。そして大岸宮内《おおぎしくない》を中心に、仇討ち本懐をとげるという話だ。

以下、「忠臣金短冊《こがねのたんざく》」「忠臣いろは夜討」が浄瑠璃、「鎧桜故郷錦《よろいざくらこきょうのにしきえ》」「忠臣いろは軍記」「粧武者《けはいむしゃ》いろは合戦」「大矢数《おおやかず》四十七本」が歌舞伎で上演されたあと、いよいよ「仮名手本忠臣蔵」の登場となるのである。

★登場人物のモデル捜し

じつは宝永七年に大坂篠塚庄松座で上演した吾妻三八作「鬼鹿毛武蔵鐙《おにかげむさしあぶみ》」が百二十日のロングランしたこと。その年の秋、京都夷屋《えびすや》座で初演された「太平記さざれ石」、その次の「硝《さざれいし》後太平記」が、西沢一鳳の「脚色余録」第二編に紹介されているのに注目して、「仮名手本忠臣蔵」によく似ていることが指摘された（渡辺保著『忠臣蔵――もう一つの歴史感覚』）。

今日では著作権がやかましいが、その当時は「書替え狂言」といって、先行作をひとひねりして上演することなど、ざらにあったのである。

「仮名手本忠臣蔵」のような名作にも、ちゃんと下敷になるべき作品があったのだ。ただし、「仮名手本」が名作と呼ばれるのは、前の作品よりも格段にすぐれていたからである。

「忠臣蔵」に使われたのは「太平記」巻二十一で、若早田《わさだ》ノ宮の姫君顔世御前は天皇の御寵愛をうけていたが、塩冶判官高貞に賜わった。その顔世に高師直が横恋慕する話を発端に置いている。

だから、人物名は実名をほとんど「太平記」にあてはめて変えた。ところどころ無理が出るので、実説の誰にあたるかを首をひねるところもある。

主な者だけ紹介しよう。

塩冶判官高定《えんやはんがんたかさだ》＝浅野内匠頭長矩《あさのたくみのかみながのり》
高武蔵守師直《こうのむさしのかみもろのう》＝吉良上野介義央《きらこうづけのすけよしひさ》
桃井若狭助安近《もものいわかさのすけやすちか》＝伊達右京太夫宗春《だてうきょうだゆうむねはる》

「太平記」の世界

十四世紀の日本は、二つの天皇を奉じて国を二分して戦っていた時代が約六十年も続いた。皇位継承をめぐって、大覚寺統と持明寺統とにわかれ後醍醐天皇が北条氏の鎌倉幕府を討伐しようとしたのが発覚し、元弘の乱がおこる。元弘元年楠木正成《くすのきまさしげ》が挙兵して後醍醐天皇を奉じたが敗れる。足利尊氏は南朝・北朝の争いのように計って、正成や新田義貞らが吉野に立てこもった後醍醐天皇を攻め、勝敗が決定的となり、足利幕府を築くことになる。戦記物語として長く愛読されてきた大長篇だ。この「太平記」の挿話は、後年に多くの能・浄瑠璃・歌舞伎・講談などに仕組まれた。「何々太平記」という題名が多いのは、この戦記が親しまれてきたあかしになる。

加古川本蔵《かこがわほんぞう》＝梶川与惣兵衛頼照《かじかわよそべえよりてる》
顔世御前《かおよごぜん》＝浅野長矩正室阿久里《あぐり》
お軽＝二文字屋阿軽《にもんじやおかる》
石堂右馬之丞《いしどううまのじょう》＝多門伝八郎重共《おかどでんぱちろうしげとも》
薬師寺次郎左衛門《やくしじじろうざえもん》＝庄田下総守安利《しょうだしもふさのかみやすとし》
斧九太夫《おのくだゆう》＝大野九郎兵衛知房《おおのくろべえともふさ》
斧定九郎《おのさだくろう》＝大野郡右衛門《おおのぐんええもん》
鷺坂伴内《さぎさかばんない》＝清水一学《しみずいちがく》
お石＝大石夫人理玖《りく》
天河屋義平《あまかわやぎへい》＝天野屋理（利）兵衛《あまのやりへえ》
大星由良之助義金《おおぼしゆらのすけよしかね》＝大石内蔵助良雄《おおいしくらのすけよしたか》
原郷右衛門《はらごうえもん》＝原惣右衛門元辰《はらそうえもんもととき》
大星力弥《おおぼしりきや》＝大石主税良金《おおいしちからよしかね》
大鷲文吾《おおわしぶんご》＝大高源五忠雄《おおたかげんごただかつ》
竹森喜多八《たけのもりきだはち》＝武林唯七隆重《たけばやしただしちたかしげ》
矢間十太郎《やまじゅうたろう》＝間十次郎光興《はざまじゅうじろうみつおき》

千崎弥五郎《せんざきやごろう》＝神崎与五郎則休《かんざきよごろうのりやす》
寺岡平右衛門《てらおかへいえもん》＝寺坂吉右衛門信行《てらさかきちえもんのぶゆき》
早野勘平《はやのかんぺい》＝萱野三平重実《かやのさんぺいしげむね》

「仮名手本忠臣蔵」まるごとストーリー

〔第一・鶴ケ岡の饗応〕

暦応元年（一三三八）、足利尊氏《あしかがたかうじ》が征夷大将軍に任ぜられ、新田義貞《にったよしさだ》が討死したあとの、南北朝の戦乱もまだ治まらぬ鎌倉鶴ケ岡八幡宮・社頭。

尊氏の弟足利直義《ただよし》が八幡宮造営の完成に下向。かつて後醍醐天皇の女官で、いまは塩冶判官の妻顔世御前に、討死した新田義貞が着した拝領の兜を見わけさせる。師直と若狭之助の対立を、判官が止める（**兜改め**）。

一同が社参に立ち、残った顔世御前を師直が付文して口説く。若狭之助が邪魔するので師直はそしり、あわやと緊迫するなか、直義公の一行は悠々と帰還する（**恋歌**）。

〔第二・諫言の寝刃〕

桃井家の館。家老加古川本蔵の妻戸無瀬《となせ》と娘小浪《こなみ》が、昨日の師直と主君の口論の様子を尋ねるところへ、小浪の許婚者の大星力弥が、塩冶判官の使者としてくる。親の計いで使者の相手をする小浪の恋（**梅と桜**）。

主人桃井若狭之助が本蔵を招き、明日は師直を討ち果たす決心を明かす。止めるかと思うと逆に、縁先の盆栽の松の枝をすっぱりと切って、「この通りにあそばせ」とすすめる。力づけられる若狭之助が奥に引っこんだあと、本蔵は馬に乗っていずこかへ馳けていく（**松伐り**）。

〔第三・恋歌の意趣〕

鎌倉の御所。といっても江戸城のつもりで、その城門の外大手馬場先。正七つ時（午前四時）、師直に追いついた本蔵は進物の品々を並べて御機嫌を取りむすぶ（**進物場**）。

続いて塩冶判官が登城する。早野勘平が門前で待つところへ、顔世御前の文使いでおかるがくる。勘平が文箱を取りつぐ間に、師直の家来鷺坂伴内（道化役）がおかるを口説く。勘平が戻って、伴内を追いはらい、おかると束の間の語らいに出掛けていく（**どぜうぶみ**）。

城内の松の間では、若狭之助が師直を真二つ、と待ちかまえている。師直・伴内主従は、賄賂のききめで平身低頭して詫びるので、拍子ぬけする。

そのあとにくる塩冶判官。顔世御前の文箱に、師直の恋文の反歌として「さなきだに重きがうえのさよ衣　わがつまならぬつまな重ねそ」と新古今集の古歌が入っているので、恋の叶わぬしるしと判官を鮒にたとえて辱しめ、怒った判官は刃傷に及ぶが、加古川本蔵に抱き止められる（**喧嘩場・足利館騒動**）。

この急変した事件に、戻ってきた勘平はびっくり。裏門に廻っても中にはいることがで

昭和の名役者で選ぶ、当たり役ベストスリー

「仮名手本忠臣蔵」では、大星由良之助が第一の主人公である。この役は長老級・若手を問わずまず座頭役者のステータスとして希望される。七代目松本幸四郎も由良之助役者だったが、その息子の十一代目市川団十郎・松本白鸚・尾上松緑の三兄弟がみな由良之助を受けついで持ち役にした。

亡くなった中村鴈治郎と長老片岡仁左衛門は関西の由良之助役者で、それに阪東寿三郎を上方のベストスリーとすることができる。

「忠臣蔵」では、師直と判官は、じつは副次的に配役される。

昭和二十二年に戦後の記録的な大「忠臣蔵」が通し上演された時（東劇）、六代目菊五郎が師直と勘平、三代目梅玉が判官と戸無瀬を演じている。この菊五郎の師直と梅玉の判官が、著者にとっては忘れがたい舞台である。以後ずいぶんおおぜいの役者で、繰り返し「忠臣蔵」を見てきた。誰が演じても面白く見られるのは、作品が良いせいもある。

そのなかから、師直と判官のベストスリーを選ぶのは至難な作業だが、師直には憎々しさ、品位、愛敬、色気を総合したもの、判官にはやはり品位、憂愁、色気、といった要素が問われるので、こうした条件を勘案して選んでみた。

高師直＝六代目尾上菊五郎、二代目中村鴈治郎、松本白鸚（八代目幸四郎）

塩冶判官＝三代目中村梅玉、三代目中村時蔵、尾上梅幸

きず、責任をとって切腹しようとするのをおかるが止め、二人はおかるの実家へ駆落ちする（**裏門合点**）。

〔**第四・来世の忠義**〕

扇ケ谷《おおぎがやつ》の塩冶判官の屋敷。師直への刃傷のあと、閉門蟄居を命じられている。

殿のお心を慰めんと、顔世御前は花籠に花を活けている。九太夫と郷右衛門は、主君の身の上について口論となり、一同気もそぞろである（**花籠献上**）。

上使として石堂右馬之丞、薬師寺次郎左衛門がくる。出迎える塩冶判官は、上使のご沙汰を聞く前に着物を脱ぐと、下に白の死装束を着こんで覚悟を示す。国家老の到着を待ちかねるが、切腹の間際、大星由良助が、駆けつけて最後を看とる。九寸五分の腹切刀を由良助への形身に与えて果てる（**判官切腹**）。

石堂は帰り、薬師寺は館を受けとるため残る。剃髪した顔世御前は、家臣たちと泣く泣く菩提所の光明寺へ、遺骸につき添って行く。残りの家臣は由良助と評定のすえ、館を立退くことになり、光明寺から戻った諸士がいきり立つのを押える（**霞ケ関・城明渡し**）。

〔**第五・恩愛の二ツ玉**〕

ここは山崎街道。猟人となった早野勘平は、松かげで雨止みをしている。通りかかる千崎弥五郎と再会、その友情で仇討ちの計画と御用金調達の話を聞き一味に加えてほしいと頼む（**濡れ合羽または鉄砲渡し**）。

さて、勘平の舅与市兵衛は婿をもとの武士

「忠臣蔵」へんちき論

劇評論家岡鬼太郎の書いた「穴手本集珍蔵」は式亭三馬の「忠臣蔵偏癡気論」の向こうを張った辛辣な各段解釈だ。珍書ゆえにすこし紹介しておこう。「五段目」の項。

「六月の二十九日に暖かそうな服装《なり》をして、夕立の最中猪を追駈け歩く勘平あれば、馬鹿蔵とやら云う独りよがりのオッチョコチョイの悪洒落から自分ばかり涼しそうな姿になった定九郎あり、芝居の五段目は実に無茶苦茶を極めたりと謂ふべし、与一兵衛なる老爺《おやじ》、何も夜夜中金の事など独りグヅグヅ饒舌《しゃべ》るには当らず、是れは定九郎に幾らか持っていると見込まれ、追剥がるる段取がよし、定九郎が向うから来る手負猪を見て、稲叢へ隠れるのは、怖ろしく眼の良き男なり……」

といった具合い。では、三馬の「忠臣蔵偏癡気論」はいかなる内容か。人物評を選んでみよう。

高師直「博達聰明の士にあらずんば此役義勤りがたし」、塩治判官「切腹の期に臨み、由良之助はまだかと度《たび》たびのよまいこと未練千万」、大星由良之助は十カ条の誤まりを指摘、「敵討などというような禍の出来ぬように兼て斗《はから》うべき筈なり」、斧九太夫「能物《よくもの》を未萠に察す。先見明らかなる人というべき歟」、加古川本蔵「表裏《ひようり》の侍というならし」、早野勘平にいたっては「人を殺して金を取りし大賊也」……。

幕末の文化八年に書かれた本である。

にすべく、資金調達のためにおかるを京都祇園町一力茶屋で遊女奉公させることになる。しかし半金五十両を受けとっての帰り、山賊となった斧定九郎に惨殺され金も奪われる。その定九郎を、勘平は猪と見誤って鉄砲で撃ち、懐の金を盗んで千崎のあとを追って渡す（**二つ玉**）。

〔第六・財布の連判〕

山崎村の百姓与市兵衛の家。

女房と娘おかるは、帰りを待ち佗びているが、祇園町の一文字屋亭主（またはお戈）が駕籠で迎えにきて、連れていこうとするところへ勘平が戻る。一文字屋のもつ財布と定九郎から盗った財布の縞柄が同じところから、舅を殺したと錯覚した勘平。おかるが連れられたあと、与市兵衛の死骸が運ばれてくる。

そこへ千崎弥五郎と原郷右衛門の来訪。五十両をつき返されて、進退きわまった勘平は、身の潔白を晴らすために切腹する。そのあと千崎が与市兵衛の傷口を改めて、定九郎の仕業とわかる。仇討ちの一味連判状に名をつらねて血判を押した勘平は息絶える（**勘平腹切**）。

〔第七・大尽《だいじん》の錆刀《さびがたな》〕

歓楽の巷、京の祇園。いまは高師直のスパイになっている斧九太夫は、鷺坂伴内といっしょに、由良之助の真意をさぐりにくる。塩冶の旧臣、三人の侍も足軽寺岡平右衛門を供に、やってくる。

三日飲みつづけで正体のない由良之助を切ろうとするのを、平右衛門は止める。たあいなく眠る由良之助は、顔世御前からの書状をもってきた力弥の知らせに、正気をみせる。釣燈籠で密書を読む縁側の由良之助。縁の下では九太夫、二階からはおかるが手鏡に写して盗み読む。ハッとした由良之助は、おかるを呼んで身請けするという。主人との相談に立ったあと、おかるは兄の平右衛門とめぐり会い、親と夫勘平の不慮の死を知って、自分も死のうと覚悟するが、由良之助に止められる。おかるは敵方となった九太夫を殺して功を立て、平右衛門は一味に加えられる（**祇園一力茶屋または茶屋場**）。

〔第八・道行旅路の嫁入〕

本蔵の後妻戸無瀬と小浪が、山科にいる大星力弥の許へ押しかけ嫁入りに行く道中、東海道を旅する情景を舞踊でみせる。奴や女馬士がからむこともある。

〔第九・山科の雪転し〕

祇園からの朝帰り。由良之助は幇間や仲居に送られて、雪だるまをこしらえながら、戻ってくる（**雪転し**）。

戸無瀬と小浪がたずねてきて嫁入りを申しこむが、お石はニべもなく断る。戸無瀬が思いあまって、娘を殺し自分も死のう、と覚悟するとき、表に虚無僧の尺八の音。お石が出て、婚礼の引出物に本蔵の首があれば承知するという。虚無僧の本蔵は入ってきて、散々の悪態をつき力弥の槍にかかる。

由良之助は、娘かわいさから命をすてて嫁入りさせたい親心を見抜き、本蔵は師直の屋敷の絵図面を贈る。勇みたつ由良之助父子。本蔵の虚無僧姿に身をかえて、江戸へ向かって出立する（**山科**）。

〔第十・発足の櫛笄《くしこうがい》〕

堺の商人天河屋の家。義平は女房や召使を遠ざけて、義士の討入りのしたくを整えている。小僧の伊五《いご》は人形をまわして子守をしている（**人形まわし**）。

突然、捕手が押しかけてくるが、長持ちにどっかと座った義平は、子供を殺されようとしてもびくともしない。奥から現われた由良之助は、捕手は義士の面々で心底を試すためであったという。

義平の女房おそのは、舅了竹が離別させようとするが、由良之助の計いで尼にさせて難をのがれる。討入りの合言葉は、「天」と「河」ときまる（**天川屋**）。

〔第十一・合印の忍兜〕

稲村ケ崎から上陸した四十七人は、鎌倉の高師直邸に討入り、みごと本懐をとげ、首を主君の位牌に手向け焼香する。一同は光明寺へ立退くことになる（**討入**）。

この場面は、河竹黙阿弥の「四十七刻忠箭計《ちゅうやどけい》」（十《じゅう》二《に》時《とき》忠臣蔵）や三世河竹新七の「忠臣蔵年中行事」からこしらえた近年のリアルな台本が定着している。

表門の勢揃い、邸内の大広間で小坊主や高師泰の奮戦、奥庭泉水の清水一学（角）または小林平八郎の最後、炭部屋の仇討ち本懐。まれには両国橋引揚げをつける。

忠臣蔵ちょっとイイ話 16

「忠臣蔵」の原点は、いうまでもなく「仮名手本」だが、今日〝定型〟となっている古典演出にも、落語とまぎらわしい失敗譚や、含蓄のある芸談が、ぎっしりある。以下、アトランダムにエピソードを綴ってみよう。

銀杏はいつでも黄色　鎌倉八幡宮の社殿。下手《しもて》に、源実朝《さねとも》が公暁《くぎょう》に暗殺された有名な大銀杏が立っている。浄瑠璃の文句に「頃は暦応元年二月下旬（新暦の春分の頃）」とあるので、新芽が出ているくらいでなければいけないが、そこは芝居のウソで、黄色がきまりになっている。

無理な注文　足利家の丸に二引は、偶然のことだが片岡仁左衛門の家紋と同じである。
初代中村鴈治郎と十一代目仁左衛門は、両雄並び立たずで仲がよくなかった。鴈治郎から注文が出た。「紋はタテにするか、棒をもう一本ふやしてほしい」。

稽古なしが掟　「忠臣蔵」のどんな役でも、稽古なしで勤めるのが役者の素養とされていた時代。やはり日本一の歌舞伎座だから二日間だけ稽古しようということになった。

十五代目羽左衛門と六代目菊五郎、はじめはセリフをもぐもぐ付き合っていたが、ついに六段目で羽左衛門が消え、菊五郎も帰り、稽古は正味一時間半で終わった。

——昭和五年、よき時代の話だ。

うまさとクサさは紙一重　中村仲蔵が本蔵をやったとき、中村宗十郎の若狭之助の怒りを「御意《ぎよい》」と受けている呼吸がすこぶるよかったという。合い手のあいだに仲蔵、小声で「うめえ、うめえ」。翌日宗十郎が懐中紙《ふところがみ》を舞台に置いて「桃井ごときが家に——紙を二、三枚とって顔にあてて——「替えられようか」と泣く仕種をみせると、横を向いて仲蔵「臭えなあ」

判官の心底　塩冶判官が上使に、「一献汲み」とか「打ちくつろいで御酒一つ」ともてなそうとするのは、国許から駆けつけてくるはずの由良之助を待ち兼ねて、切腹までの時間稼ぎをしているのである。

リアルな家系　八代目の仁左衛門が由良之助の駆けつけをした。濃い藍色の小紋の四天、刀を背負って駆けつけて、花道で倒れると力弥が介抱して刀を解き、由良之助は腹帯をしめ直して本舞台にきた。どういう考えかと聞くと、「通し駕籠で駆けつけ、いま御臨終という場合に、衣服を着替える暇もなかったのだ」と答えた。

八代目の子の十一代目仁左衛門が我当時代に勘平をやった。五段目で、千崎弥五郎に、「寺岡与一兵衛とお尋ねください」。

リアルな家系であった。

新しい女　文楽の名人越路太夫は、「お軽は『忠臣蔵』じゅうでいちばん新しい女だ」と評した。この女は自分の恋人・勘平のことばかり考えている。

「武家の腰元、浪人の女房、それから祇園の遊女と三べん変化があるわけで、それぞれの性格をこなさなければなりませんが、こんどは本文通りに少しも変えずにつとめております」という芸談を、六代目梅幸が残している。

境遇は変わっても、お軽は恋一心という女に変わりない。

勘平役は二度とごめん　いまの前進座の芳三郎・圭史の祖父の芳三郎の兄は嵐璃珏といった。十四歳で神戸の村芝居で「忠臣蔵」の勘平をやったとき、五段目で鉄砲の火縄の火が、後見のミスで簑に燃え移った。見物もあれよあれよというとき、土地の顔役が舞台に上がって火を消して助けてくれた。

その後、彼は二度と勘平役をやらなかった。

親父は凄い　五代目幸四郎は、鼻高幸四郎と呼ばれた幕末の名優であった。六代目幸四郎は若死したが、亡父ゆずりで定九郎をつとめたことがある。弟子に「親父に似ているか」と聞くと、「よく似ております。怖うございました」。

いい気持ちになった六代目に、その弟子は恐る恐るこうつけ加えた。「けれども、先代のは凄《すご》うございました」

珍型定九郎　山賊姿の定九郎を、浪人姿に改めたのは中村仲蔵の工夫だが、のち多見蔵になった二代目鶴之助は、袖無しに貧着布子《どんつくぬのこ》軽衫《かるさん》、藁をかぶって、狸の角兵衛のような恰好で出た。猪に追われて冠り物や刀を投げつけ、鉄砲に当たると稲叢の藁をつかんで落入るというやり方を見せた。珍型だといわれて、「なに、これが本格なんだ」といばったという。

何からなにまで四十七　六段目には金という語が四十七はいっていると、文楽の綱大夫が数えた。金だけでは足りないが、半金・金子・御用金・金百両というのまでふくめると、数はピタリと合う。

「仮名手本忠臣蔵」の初演は、討入りの元禄十五年から数えて四十七年目。計算づくとすれば、かなりの知能犯である。

リアリズムの教え　天保八年中村座で「忠臣蔵」が出て、勘平は得意役の三代目菊五郎。大坂から下った三階役者甚六が、「思ったより不出来だ」といったので怒鳴りつけると、甚六は静かに、「旦那の勘平が若旦那（松助）の弥五郎に出会ったとき、若旦那はろくに勘平の顔を見ずに〝和殿は早野勘平ならずや〟といいます。と旦那はしばらく考えて〝そういう貴殿は弥五郎殿〟という。もともと二人は同藩で、顔を見忘れるはずもありませんが、勘平は猟師にまでなり下がったのですから、弥五郎のほうがしばらく考えるのが至当じゃないのでしょうか」といった。菊五郎は、これは理の当然だと感心して一両与え、翌日から改めた。

八代目三津五郎が、ある時父の七代目に「六段目は新劇みたいですね」といったら、「当たり前だ」と叱られたエピソードを書き残したが、歌舞伎はリアリズムが根底になっている好例といえよう。

本当の演技　大正の初期、宮戸座の高麗三郎が公園劇場に引き抜かれるのが問題になり、双方の顔を立てて満一年休業して謹慎した。相愛の千代駒も義理を立て芸者稼業を休業。赤貧洗うが如きうちに、やっと舞台に出られることになった。役は「忠臣蔵」の定九郎と清水一角。げっそりとやせて、真に迫る浪人ぶりだったという。

こうした私生活のエピソードは、まだまだ多いにちがいない。

一力茶屋は冬　七段目の由良之助は、「炉の炭もついでおきや」という。炉開きは十月一日だから当然そのあとの時期になる。二階で団扇を煽ぐお軽は夏のそれではなく、酔醒《よいざま》しなのだ。由良之助は、「鶏しめさせ鍋焼きしよ」ともいう。鍋料理のうまい冬の季節とわかる。

早替り忠臣蔵　無人芝居になると、早替りを思いつく。四代目市川團蔵は安永十年森田座で、定九郎・与一兵衛・判官・由良之助・戸無瀬・義平・大鷲文吾の七役を演じた。享和元年には役をかえた七役を再度試みているし、三年のちには三代目の三津五郎も七役に挑戦した。

文政十三年五月河原崎座では、二代目沢村源之助が師直・本蔵・勘平・由良之助・定九郎・与一兵衛・平右衛門・戸無瀬・放下師出来作（八段目）・義平・伊吾の十一役を早替りで勤めた。

昭和十九年三月の邦楽座（有楽町マリオン新館）で、市川寿海（当時寿美蔵）が七役早替りをみせている。五段目の、与一兵衛・定九郎・勘平の早替りと、七段目では由良之助・平右衛門をかわるやり方で、これは戦後に延若も家の型としてみせてくれた。しかし早替りや変り型「忠臣蔵」は案外古くから試みられてきたのである。

一年中忠臣蔵　十一代目片岡仁左衛門の弟子の片岡松之助が独立して、〝義士劇〟を旗上げした。三百六十五日、「忠臣蔵」を出し物にして各地を廻った。それも実録のほうで、お目見得・二の替り・三の替り……と、ぜんぶが「忠臣蔵」と、本書のごとき構成で大正から昭和初期まで、とくに関西・九州で人気をとった。ここに若き日の嵐寛寿郎が出子入りした。竹中労著『聞書アラカン一代』には、「松の廊下から討入りまで通し、これが全部口ダテ。脚本はなし。だいいち当時は、字の読めん役者かておますやろ。口移しにおぼえるより仕方がない。ゆうたら程度が低かった。せやけど、いい芝居でおました」とある。

昭和の名優にみる内蔵助役者列伝！

★忠臣蔵最多出演は〝目玉の松ちゃん〟

映画というより活動写真の人気スター〝目玉の松ちゃん〟こと尾上松之助は、毎月九本撮ったという膨大な作品量だから、「忠臣蔵」物もおびただしく演じた。明治四十三年から大正十五年までの間に次の映画に出ている。

大石内蔵之助一代記・忠臣蔵五段目・堀部安兵衛・大高源吾・弥作の鎌腹・不破数右衛門・神崎与五郎幼年時代（以上横田商会）、忠臣蔵（日活京都）、神崎与五郎、大石内蔵之助一代記、不破数右衛門（以上日活京都）、忠臣蔵、忠臣蔵、堀部安兵衛、敵討高田馬場、忠臣蔵、赤垣源蔵、忠臣蔵（増補）、義士銘々伝・寺坂吉右衛門、潮田又之丞、大高源吾、忠臣蔵、間重次郎天野屋利兵衛、十二時忠臣蔵、仮名手本忠臣蔵、鳩の平右衛門、大石内蔵之助、赤垣源蔵、高田馬場大仇討、不破数右衛門、忠臣蔵、仮名手本忠臣蔵、中山安兵衛、天野屋利兵衛、実録忠臣蔵、村上喜剣、十二刻の間、赤垣源蔵（以上日活京都）、忠臣蔵・全三篇（日活大将軍）＝日本映画俳優全集より。

大正十年、「忠臣蔵」二部作で、一部は松之助の大石内蔵助主演、二部は市川姉蔵の立花左近が主演。その姉蔵が完成後急死して、二部は解散。映画は大変な入りだったという。
松之助の亡くなった大正十五年四月封切の「忠臣蔵」は、天・地・人の巻、全二十巻。最後の大石で、三週続映の大ヒットになった。つまりは、松之助映画にとって、「忠臣蔵」はドル箱だったということになる。

★史上最悪の「大石内蔵助」

新派の伊井蓉峰の芸名の由来は〝いい容貌〟からきている（というのが定説になっている）。マキノ省三は、この伊井を大石に起用して、「忠魂義烈・実録忠臣蔵」を撮った。浅野内匠頭が諸口十九《つづや》が、片岡源五右衛門と吉良上野介が市川小文治、それに勝見庸太郎、月形龍之助、片岡千恵蔵、長三郎時代の嵐寛寿郎が出ていた。

ロケに行った伊井、金屛風を立て廻して、樽をすえたなかに小便をした。映画の約束も知らないと、嵐寛はボロクソである。

マキノ省三は、一世一代の力作のつもりでこの映画に熱中した。大石は、二代目実川延若を予定したが、ジャーナリズムに騒がれて、松竹に体裁よく断られた。そこで七代目松本幸四郎に交渉したが、延若への義理から断わられ……と二転三転した挙句、伊井の大石に決まった。

伊井の大石と、勝見の立花左近の対決場面。「勘進帳」もどきに、左近の温情で見逃されて立ち去る。そうとは知らぬ寺坂吉右衛門、大石主税、武林唯七が左近を斬りこみに行くと知った大石が、「待てえ!」と叫んで走ってくる。

伊井は、誰に知恵をつけられたのか、ターッ、ポーンと六法を踏んで戻ってきたので、マキノ監督はあまりのことに唖然とした。翌日撮り直してほしいと頼んだが、伊井は「もう済んだ」といって帰ってしまったという。

この「実録忠臣蔵」の編集中、その頃は可燃性だったフィルムが発火して焼けてしまった。撮影所は残ったが、本邸は焼失した。もう一度撮り直しましょうといったが、マキノ省三はこういった。

「これはわしの不幸だから、それをあんた達の不幸にまでは出来ない。わしはあきらめます」

二十巻のうち、残った十七巻で編集して、無理に封切られた。

★片岡千恵蔵の〝遺恨〟

マキノ省三は、歌舞伎の片岡千恵蔵に映画入りを強くすすめた。この映画の判官をやってもらうというのが条件だったが、いざ撮影に入ってみると、諸口十九《つづや》に変わっていた。千恵蔵が抗議をすると、困ったマキノは「判官はやらせるというたが、浅野内匠頭はやらせるといわなかった」と逃げた。

千恵蔵はマキノを退社して、千恵プロをこしらえて独立する。そして十年後の昭和十二年、百本記念映画に「浅野内匠頭」を撮った。

★巨匠の〝凝り性〟

溝口健二監督の映画「元禄忠臣蔵」に、劇団前進座全員三十九名が出ていた。鉄砲洲浅野卿の奥方の居間のセットの襖絵が考証とちがっているといって、全部書き直し。翌日撮影再開のはずが火鉢が合わないというので市中のお寺から借りてくる。こんどは火箸がいけないと探してくる。この間、八月の暑いセットのなかで三浦光子の瑤泉院、山路ふみ子のお喜世は冬の衣装のままジッと待つという有様。

「松の廊下は原寸通りに」という豪華セットで、四百六十坪の中庭に敷きつめる白砂はトラックで運び、座敷に敷きつめる畳は五百畳近く、材木は節目なしのものが選ばれ、屋根瓦も特別注文。天井は銀泥の蒔絵、欄間の透し彫り数十枚、襖絵には日本画家を動員。七月十八日から建築がはじまり、完成は十月三日、延べ五千人が働いた。

前進座は、撮影に四カ月もかかったので、二カ月間、劇団公演を中止した。

★オールスターキャスト名作16本！

尾上松之助の乱作ぶりは前記した通りで、じつに夥しい数の「忠臣蔵」がつくられた。日活京都では、毎年大作として公開していたが、その実は新しく撮影する分は一割にも満たない。あとはそれまでに撮ったフィルムを適当につなぎ合わせて編集した。「高い製作費をかけて新作を作るばかりが能ではないぞよ」と、経営者横田永之助ははっぱをかけたという。

さて、そんな草分け時代をへて、どんな「忠臣蔵」がつくられてきたか、振り返ってみよう。

忠臣蔵　　大正十一年　牧野教育映画作品

牧野省三が日活から独立して、はじめての映画。坂東彦三、沢村菊丸、嵐璃昇、尾上紋十郎という歌舞伎役者を使って、子供の教育にも役立つようにと、こしらえた。

実録忠臣蔵　　昭和三年　マキノ御室作品

フィルム編集中に出火して、未完のまま公開されたいわくつきの作品。「内容はともかく立廻りの素晴しく乱暴で、実感的で、型を破っているのが気に入った」（寿々喜多呂九平）というから、相当にリアルだったことがわかる。

忠臣蔵　昭和七年　松竹下加茂作品

衣笠貞之助監督が撮ったトーキー最初の「忠臣蔵」だった。大石は関西歌舞伎の阪東寿三郎、堂々たる出来ばえだった。出演は市川右太衛門、林長三郎、田中絹代。前後篇二十巻で製作費八万円、製作日数八十日間、当時として破格の大作だった。

忠臣蔵　昭和九年　日活太秦作品

伊丹万作脚本、伊藤大輔監督。刃傷篇、復讐篇のオール・トーキー。大河内伝次郎の大石、十八番の「丹下左膳」が人気になった翌年。共演は鈴木伝明、夏川静江、山田五十鈴、片岡千恵蔵。

忠臣蔵　昭和十二年　大都映画

白井戦太郎監督。コーノ・トーン（河野伝考案）の国産トーキー第一号。出演は阿部九州男、松山宗三郎、杉山昌三九ら。解説版といって映画説明者の解説が入る変則トーキーだった。

忠臣蔵　昭和十三年　日活太秦作品

マキノ省三の死後十年記念に、天の巻をマキノ正博（雅弘）、地の巻を池田富保監督で撮った。マキノは、「日活忠臣蔵では最高の出来と評価され、最高の入りになった」と書いた。阪東妻三郎の大石、千恵蔵の浅野内匠頭と立花左近、それに嵐寛寿郎の脇坂淡路守と清水一角、〝御三家〟が揃った。マキノ同窓会というカゲ口もあったが、当時としては豪華絢爛たる顔ぶれだった。

忠臣蔵　昭和十四年　東宝映画砧作品

前篇瀧沢英輔・後篇山本嘉次郎演出。大河内伝次郎主演、長谷川一夫、山本礼三郎、山田五十鈴らが出て、東宝も「忠臣蔵」を作れるほどになったかといわれた。興行的にもヒットした。

元禄忠臣蔵　昭和十六年　興亜映画太秦作品

(二〇一頁参照)、前進座の河原崎長十郎の大石、芳三郎の浅野内匠頭、翫右衛門の富森助右衛門に、松竹から三桝万豊の吉良、市川右太衛門の徳川綱豊、小杉勇の多門伝八郎らが助けた。この一節「大石最後の一日」が、「琴の爪」の題名で、中村扇雀・扇千景の恋人で映画化された。これは昭和三十二年、東宝作品。

浪曲忠臣蔵　昭和十八年　東宝映画砧作品

黒川弥太郎、坂東好太郎、花井蘭子らに、当時人気の廣沢虎造の浪曲を入れたのが趣向であった。

赤穂城　昭和二十七年　東映京都作品

片岡千恵蔵の内匠頭と内蔵助、薄田研二の吉良、山田五十鈴の瑤泉院、木暮実千代の大石の妻。新解釈はない。萩原遼演出。○○

忠臣蔵　昭和二十九年　松竹京都作品

松本幸四郎の大石、山田のその妻、高田浩吉の浅野、滝沢修の吉良、淡島千景の浮橋太夫、鶴田浩二の毛利小平太。大曽根辰男監督は、幕府が浅野家再興の嘆願を却下したために反抗して仇討ちをしたという解釈。

赤穂浪士　昭和三十一年　東映京都作品

大佛次郎原作　松田定次演出。片岡千恵蔵、市川右太衛門以下、東映時代劇のオールスターで、イーストマン・カラーの力作。

大忠臣蔵　昭和三十二年　松竹京都作品

市川猿翁（猿之助）の大石で、最後の映画出演になった。若き精之助（当時団子）は映画初出演で主税。水谷八重子のりく、高田浩吉の早野勘平、高千穂ひずるのおかる、山田五十鈴の戸無瀬、松本幸四郎の橘左近と舞台派が主力。大曽根辰夫監督。カラーでグラン

ドスコープの第二作。興収二億四千万。

忠臣蔵　昭和三十三年　大映京都作品

それまで内匠頭や脇坂淡路守が役どころの長谷川一夫が初めて大石を演じた。市川雷蔵の内匠頭、他に鶴田浩二、勝新太郎、京マチ子、若尾文子、山本富士子ら。興収四億一千万円。渡辺邦男監督。

忠臣蔵　昭和三十三年　東映京都作品

松田定次監督。片岡千恵蔵の大石、これは持ち役になっていた。市川右太衛門の脇坂、中村錦之助の内匠頭などオールスター。

忠臣蔵　昭和三十七年　東宝作品

稲垣浩監督。松本幸四郎が東宝入りして撮った大石、市川中車の吉良、加山雄三の内匠頭、原節子のその妻、三船敏郎の俵星など。義士のエピソードを加えながら不公平な幕府の裁定への反抗として描いた作品で、松の廊下が圧巻だったとされている。

★珍品、異色忠臣蔵ベスト8！

昭和忠臣蔵　瀬戸英一作。塩谷商会の社長が高師直に憎まれて融資を止められて破産、自殺する。支配人大石（伊井）が復讐を決意して、帝国ホテルの忘年会で高商会を破産させるという物語。これに社員の早野勘平（花柳）とお軽（水谷）の恋愛がからみ、睡眠剤多用で勘平が死に、お軽は吉原芸者になるというパロディである。（昭和三年十二月、本郷座）

忠義　メエスフィルドが「仮名手本忠臣蔵」に刺激されて書いた戯曲を、逆輸入で昭和九年五月築地小劇場で上演した。丸山定夫のキラ、薄田研二のアサノ、汐見洋のクラノ、東山千栄子のクラノ夫人、山本安英のチカラという配役。

勘平の死　岡本綺堂の小説「半七捕物帳」の一つ。大正十五年二月新橋演舞場で、六代目菊五郎が演じて以来、繰り返されている。京橋の金物屋和泉屋の息子角太郎は町内の芝居で「六段目」の勘平を演じたが、いつの間にか竹光が本身の刀にすり替って、ほんとに切腹してしまう。そこから半七が登場して犯人を探し出す。角太郎が切腹するまで、劇中劇の形で見せる珍しい形式だ。

お軽と勘平　戦後のミュージカルは喜劇仕立からはじまった。旧・帝劇で上演された「お軽と勘平」は、エノケンの勘平、越路吹雪のお軽。牢屋に入れられたり、お軽がキャバレー吉原の売れっ子というドタバタで、岸井明の師直がお軽を口説いたりする。エノケンは特発性脱疽にとりつかれて再起したが、勘平はもちろん初役。当時「自分はまごうかたなき二枚目だと思ってるのに世間が勘平をやらしてくれなかった」と張り切っていた。

サラリーマン忠臣蔵　現代の財閥の対立を、歌舞伎の「忠臣蔵」に見立ててつくられた喜劇。東宝のサラリーマン物映画の異色作だが、製作者に会社から特別アイデア賞が出た。森繁久弥の大石良雄、池部良の浅野卓巳、東野英治郎の吉良剛之介、宝田明の早野寛平、司葉子の軽子、三船敏郎の桃井和雄、新珠三千代の芸者加代次。(昭和三十五年)

同巧異曲として戦時中の「天保忠臣蔵」、東映全盛時代の「ギャング忠臣蔵」などがある。

わんわん忠臣蔵　東映の動画で作られた。森のギャングの虎と狐を退治するために四十七匹の犬が復仇に立上がる。手塚治虫原案・構成。おもしろいアイデアで、異色の「忠臣蔵」のベストになろう。(昭和三十八年)

ザ・カブキ　世界的なバレエの振付師モーリス・ベジャールが、「仮名手本忠臣蔵」を二時間の舞踊作品に仕立てて、昭和六十一年東京バレエ団で上演された。作曲は黛敏郎。大序から討入りまで、歌舞伎をバレエ化した最初の作品である。この作品は、ロンドン、パリ、ミラノをはじめヨーロッパの五大オペラ・ハウスなどで公演され、注目を集めた。

喜劇・忠臣蔵　曽我廼家五郎が、義士の数に合せて、大序から七段目まで、四十七分間で見せたことがあった。目まぐるしいことといったらない。五郎はべつに「裏の裏」というパロディもこしらえている。喜劇の「忠臣蔵」は数多く書かれていて、戦前・戦後を通じて多いからいちいち紹介できないが、明治座で花登筐と武智鉄二が構成した作は、二人が関西人のせいもあって、本行を踏まえながらきちんとしたパロディにした秀作であった。

これが見たかった！ 明治〜昭和の忠臣蔵名作劇場

★鴈治郎から杉良まで、ベストセレクト一挙上演！

明治の中期までは、座付きの狂言作者が脚本を書いたが、その頃から外部の文学者や劇作家が作品を提供するようにかわった。その作品群を「新歌舞伎」と呼び、戦後の「新作歌舞伎」と区別するようになったが、ざっと九十年間で五十篇以上はある。そのなかから、特色のある作品を紹介しておこう。

土屋主税《つちやちから》（渡辺霞亭《かてい》作・明治四十年）この作が「松浦の太鼓」と同巧異曲であることは、すでに触れた。初代・二代目の鴈治郎が当たり役にした。

元禄義士快挙録（木村錦花作・明治四十二年）兇変後のお金配分、大野九郎兵衛逐電、島原、山科へかけての実名劇。萱野三平切腹や堀部安兵衛の危難などをからめている。

堀部妙海尼（右田寅彦作・大正元年）帝劇で上演。堀部弥兵衛の娘、すなわち安兵衛の妻お幸は泉岳寺に尼となって庵を結ぶ。九郎兵衛の娘と孫が巡礼となって訪ね汚名を晴らす。べつに寅彦は「いろは双紙」（大正四年）、「女忠臣蔵」（大正七年）も書いている。

小山田庄左衛門（中村吉蔵作・昭和二年）　庄左衛門は許婚者に似たお安に誘われ討入りの時刻に遅れて不義士となり、二人は死のうとするが両親の許しを得て、義士とは反対の方角に、医学修業の旅に出る。

巷説・清水一角（川村花菱作・昭和二年）　義士に心を寄せながらも吉良の付人になっている一角の苦衷を描いた作。上野介が討たれたと知り、堀部弥兵衛の槍をわが腹に突き立てる。昭知四十七年には宮川一郎作「清水一学」を、天知茂がかつて一学を演じた市川小太夫の演出でみせている。

赤穂義士審判（永田衡吉作・昭和十六年）　荻生徂来の家の隣りの豆腐屋伊助は義士の討入りを知って喜ぶが、徂来が進言して切腹になったと怒る。伊助の家が焼け、徂来が見舞いに訪ねきて、武士道の真義を諄々と説く。

春の霜（宇野信夫作・昭和十七年）　歌舞伎座で上演。松平邸にお預けの大石主税と、松平家の重臣竹垣頼母との心のふれあい。また行方をくらましていた頼母の子小平太との父子再会。べつに同じ作者の「堀部弥兵衛」（昭和十四年）もしみじみとした佳編として残っている。

天野屋利兵衛（郷田悳作・昭和十七年）　江戸に武具を送った利兵衛は拷問にあうも白状しない。奉行松野河内守の温情で、手錠のまま帰宅した利兵衛は妻と争う。妻が奉行所へ馳けこもうとするところへ討入りの瓦版売りの声。こと成就をよろこび夫婦は一切を申し立てる。

新忠臣蔵・安宅丸（舟橋聖一作・円地文子脚色・昭和三十二年）新歌舞伎。安宅丸が夜泣きをするという風聞は、解体して私腹をこやさんとする老中堀田筑前守の企みであった。陰謀を知った稲葉石見守は堀田を斬り、稲葉も成敗される。刃傷を扱った異色作。同シリーズの「新忠臣蔵・瑤泉院」（昭和三十四年）は、刃傷前夜「太平記」の顔世御前の入浴を師直が覗く夢の場を加えて、浅野内匠頭と奥方阿久利の夫婦愛から事件後の剃髪の心境を語る。共に歌舞伎座で上演された。

女忠臣蔵（佐々木憲作・昭和三十三年）大石の真意を知りたい瑤泉院は、お軽を若侍に仕立てて旅立たせる。茅野三平の命をかけた忠義に、大石も吉良の間者を斬って本心を明かす。女剣劇のための大衆劇。

赤穂浪士（大仏次郎原作・宇野脚色・昭和三十七年）新国劇で上演。大石と大石に心酔する吉良方の堀田隼人の男の対立、上杉家家老千坂兵部の苦衷などをとりまとめたスケールの大きな力作である。この劇団では「忠臣蔵」には縁があって、昭和四年に沢田正二郎最後の舞台になったのも、金子洋文脚色の同じ「赤穂浪士」だった。剣劇が売り物だったから、林不忘原作「忠臣紋弥」（昭和八年）や、「間新六」（昭和十四年）なども手がけている。

大仏次郎の小説は「忠臣蔵」の題で小幡欣治脚本（昭和四十三年帝劇）でも劇化され、白鸚になった八代目幸四郎が大石内蔵之助に扮し、松緑の千坂兵部と対決した。

決闘高田馬場（池波正太郎作・昭和三十三年）この作も新国劇で上演した。決闘にいたるまでの経緯を描いたもの。中山安兵衛は中津川祐範と師弟の盟約を結ぶが、祐範の悪に刃向かい、女を助け、江戸へ出て菅野六郎左衛門の道場で修業。菅野の推挙で堀部弥兵衛に仕える。その菅野が祐範から果たし状をつきつけられたのを知り、高田馬場に駆けつける。ほか「清水一角」（昭和三十四年）があり、百姓から侍になった一角の人物をクローズアップした。

冬の宿（大仏次郎作・昭和二十九年）菊五郎劇団で上演。討入り前に脱走した小山田庄左衛門が、武士道に疑念をもつ。内蔵助はその考えに心を動かされるが、息子主税とともに新たな決意を固める心境を描く。

萱野三平の死（巌谷槇一作・昭和三十三年）青果の「元禄忠臣蔵」拾遺として書かれたもの。萱野三平が、忠義と許婚おかるとの恋の板ばさみのなかで切腹する。

討入前夜（成沢昌茂作・昭和三十四年）四十七士の最年少者主税と右衛門七の複雑に揺れ動く心境と、大石の暖い思いやり。改題「その日の雪」でも演じられた。初演は幸四郎と吉右衛門だった。

大石内蔵之助（郷田悳作・昭和四十年）前年NHK大河ドラマ「赤穂浪士」を主演した長谷川一夫が大石と脇坂淡路守の二役。内匠頭刃傷から復讐を誓うまでを描く。四年後に「忠臣蔵聞書」として、同じ題材を新装して上演している。郷田作では「朝の雪・南部坂後日」は長谷川の寺坂吉右衛門で討入りの翌日を劇化して繰り返されている。

大石内蔵助（楠田清作・昭和五十七年）もう一つ同名の作があって、東宝歌舞伎で、やはり長谷川が主演。脇坂淡路守の赤穂城受取りから翌年の南部坂雪の別れの件りを新脚色した。

風さそう（村上元三作・昭和四十三年）浅野内匠頭の辞世を題にして、菊五郎が刃傷から切腹までを清楚に演じた。

しんげき忠臣蔵（福田善之作・昭和四十五年）「忠臣蔵」の虚、歴史の実、そして俳優の三要素を重ねて、「仮名手本」を下敷にパロディ化した異色作。刃傷から討入りまでのあいだに、五段目―七段目を加えて、新劇風に消化した。永田靖、市原悦子らが出演。

薄桜記（五味康祐原作・脚本・昭和四十六年）小説から劇化した外伝で、舟木一夫の丹下典膳が主人公。千坂兵部の頼みで吉良の付人になるが、堀部の養子になった中山安兵衛とは敵味方にわかれる運命の変転を描く。舟木はこれに味をしめて翌年「江戸の淡雪・悲恋毛利小平太」も演じている。毛利小平太は「四十八人目の男」（杉山義法作・昭和六十年）で西郷輝彦もやっている。

立花左近（花登筺作・昭和四十九年）三波春夫が、立花と天野屋二役。大石が名を騙って二人の立花左近が出会う講談種をとり入れたもの。べつに外伝の「俵星玄蕃」も長篇歌謡曲の舞台化として演じた。

慶長忠臣蔵（田中喜三作・昭和五十年）題名はまぎらわしいが、結城秀康の処置に反抗する石田三成の話。萬屋錦之介が主演。

元禄太平記（南条範夫原作・津上忠脚本）帝劇で昭和五十年と翌年の二年がかりで上演した。NHKの大型時代劇「元禄太平記」に呼応した企画で大石は幸四郎であった。この前後、大衆劇でも「忠臣蔵」物が相次いだ。

新雪南部坂（伊藤大輔作・昭和五十二年）錦之介の大石、淡島千景の瑤泉院で、お馴染みの場面を中心に劇化している。

茶道忠臣蔵（野口達二作・昭和五十三年）茶道の宗匠山田宗徧をからめて、風雅な心をみせる異色の「忠臣蔵」で、鴈治郎、仁左衛門が歌舞伎座で演じたもの。

快挙・赤穂浪士（沢島正継・岡本育子作・昭和五十三年）萬屋錦之介の大石で、三幕二十場の長篇一本立。「忠臣蔵」の本伝を追いながら、浮橋太夫の件りを加えている。

大石内蔵助（池波正太郎作「おれの足音」より・小野田勇脚本・昭和五十四年）前進座の梅之助が帝劇に出演。大石と翫右衛門の鶴見の両内蔵助の対決が見せ場だった。

忠臣蔵・四谷怪談（福田善之構成・昭和五十四年）結城人形座上演。「四谷怪談」が「忠臣蔵」の世界に拠っているので、両者を合体させて人形と俳優の共演でみせた。

女たちの忠臣蔵（橋田寿賀子作・昭和五十五年）大石の妻りくをはじめ、義士に関わりのある女性の愛と苦悩を描いた作。岡場所に転落したりえ、鼓を打って愛を確かめあう儀貝としの、励ましに自害するつねなど。

浅野内匠頭（山野四郎作・昭和五十六年）杉良太郎の大衆劇。

恋の淡雪・忠臣蔵異聞（土橋成男作・昭和五十七年）大川橋蔵が内匠頭、岡野金右衛門、大石の三役を演じた。正説・俗説を交えた大衆版。

昭和の大傑作・「元禄忠臣蔵」のすべて！

真山青果作「元禄忠臣蔵」は、昭和九年から六年がかりで書かれた全九篇、十九幕四十場の大作。〝昭和の大忠臣蔵〟と呼ばれるゆえんだ。

〔江戸城の刃傷〕　殿中での刃傷のとがで浅野内匠頭は即日切腹を命じられる。武士道を忘れた吉良におとがめなしの裁断に激しく抗議する多門《おかど》伝八郎。切腹の場にのぞむ内匠頭の視線は、腹臣片岡源五右衛門に向けられた。

〔第二の使者〕　赤穂城に急報は届いた。お仕置の文面にある「理不尽」の言葉に、大石は怒る。小野寺十内は京都から駆けつけ禁中の「一念達せず不愍《ふびん》なり」のお言葉を伝える。これで浅野家は勅勘の罪から救われたとほっとする。

〔最後の大評定〕　三百余名の家中で籠城討死

と決意したのに、最後の大評定の席に連った者わずか五十六名。大石は、亡君の舎弟大学をもって浅野家再興を公儀に願うが、吉良上野介の傷は快癒したという。城は明け渡され、城外へ出た大石を待っていたのは浪人した幼友井関徳兵衛だった。切腹して真意をあかせと迫る井関に、「内蔵助は天下御政道に反抗する気だ」と決意を打ち明ける。

〔伏見撞木町〕 一年後、遊び呆ける大石に対して、同志の不満もつのってきた。内蔵助に迫る堀部や主税に、公儀の意向を探るつもりで出した大学をもって浅野家再興の嘆願に、世間は同調しはじめたと悩みを語る。

〔御浜御殿綱豊卿〕 甲府家浜手屋敷。お手付中臈のお喜世の手引きで迷いこんだ仮親の富森助右衛門。吉良上野介が来ると知って屋敷に入った助右衛門は、綱豊に召し出され仇討ちの意向を探ろうとする綱豊とそれを明かすまいとする助右衛門の激しい論戦がはじまる。「明日は浅野家再興を計ろう」という綱豊、そうされては仇討ちの大義名分がなくなるとあせる助右衛門。吉良を討とうと槍を突き出す相手は綱豊だった。引きすえられた助右衛門は、義人の復讐の目的を淳々と説かれる。

〔南部坂雪の別れ〕 国学者羽倉斉宮《いつき》は熱血漢で、吉良を討つことに協力するというが大石は「正しい将棋がさしたい」と断る。泉岳寺墓参の帰り、瑤泉院をたずねた。本心を聞かれるが、明かさない。「東下りの旅日記」を残し、それが一味の連判状と知れた瑤泉院は窓ごしに見送って礼をのべる。

〔吉良屋敷裏門〕 十四日の深夜。浪士の面々は次々に集まる。吉良上野の首級をあげて本懐をとげた人々の胸には、一年余の感慨があらためて思い出されてくるのだった。

〔**仙石屋敷**〕　吉田忠左衛門、富森助右衛門の届けを受けた仙石伯耆守は、公儀お目付に対する訴訟を不審に思うが、この仇討ちが天下御裁断をあおぐ節義の行動だったと知り、十八カ条申し開きを聞いたのち、情のある言葉を一同におくる。

〔**大石最後の一日**〕　細川家お預けの大石以下十六人。乙女田の娘おみのは男装して、結婚を約束した礒貝十郎左衛門に近づき、男の愛を確かめる。礒貝の心を知っておみのは自害、礒貝も切腹の場にのぞむ。大石は「どうやら皆見苦しき態なく死んだようにございます。これで初一念が届きました」と、晴れや

かに微笑んで、最後の場に歩をすすめる。

忠臣蔵ちょっとオモシロイ話 16

居直り米六　四日市で「忠臣蔵」が出たとき、六段目のおかやが市川米六。下手なので、見物は「大根引っ込め」と怒鳴った。米六は舞台の前にいって「大根でも蕪《かぶら》でも、いま俺が引っ込んだら狂言にならないぞ！」、客「なるから引っ込め」、「入らない」、「入れ」……米六すたすたと入りかけたのでびっくりしたのは勘平。べつの見物から「婆あ入るな」の声がかかった。米六は引返して、「そうであろう、のう婿殿」と真面目くさって座り直した。

代役の効用　安永五年の市村座の「忠臣蔵」で、勘平役の二代目市川八百蔵が急死して、瀬川雄次郎が代役した。七段目で五代目團十郎の平右衛門が、菊之丞のお軽に、「びっくりするな、まだ言うことがあるぞよ」と八百蔵の悔みをのべてこの愁嘆が大当たりした。

ホメようがない　器量の悪い二代目瀬川路之助が小浪に起用され、九段目の戸無瀬は師匠の瀬川仙女だった。「ほんにそなたの器量なら十人並みにすぐれた娘」というセリフをこうかえた。「まず人並みに生まれし娘」。

考えすぎ　「弥作の鎌腹」で、百姓弥作が弟弥五郎に庄屋七太夫の婿になれぬ理由を問い詰めた。「敵討でございます」「なに敵討」と、木戸口にいって周囲をうかがう。四代目歌右衛門が弥作をやったとき、「敵討でござります」といわれて、「なに敵討」と大声でいい、門口を見廻して、戻って小声で、「それからどうした」。

見物受けはよかったが、愚直な百姓らしくないといわれた。心得違いの役づくり。

名優の勇み足　九代目團十郎が六段目の不破をやった。「渇しても盗泉を喰《くら》わず」といって、古老から「さすが堀越（團十郎の本名）は偉いものだ」と皮肉られた。「渇しても盗泉の水を喰わず」というと、盗泉と水が重ね言葉になるという解釈だった。しかし盗泉は泉の名称で、重ね言葉にはならない。名優にして、上手の手から水がこぼれたという話。

〝死人〟が歩いちゃった　七代目仁左衛門は幕末上方の名優で、由良之助、平右衛門を得意にしたが、体格が立派だった。ある時、塩冶判官を演じて、切腹したあと、駕籠に乗せられて、花道へかかったら、メリメリと底が抜け、太い足がぬっと出た。駕籠のなかから、小声で「そのままやれ」。手昇の駕籠はしずしずと揚幕をはいったが、死んだはずの判官もいっしょに歩いてはいった。あとの評定は、芝居にならなかった。

判官は百姓だった⁉　珍型のうちの珍型は、駒三郎が師直をやったとき、判官は元は伯州の百姓だったが、こんなりっぱな殿中へきたのでうろうろしたという解釈で、「今日からその鷹の羽の定紋を、鍬《くわ》と鋤《すき》のぶっ違えの紋にかえさっせい。百姓だ百姓だ、ど百姓だ」とやった。

九代目團十郎が見て、「こんな面白い『忠臣蔵』は見たことない」。のちに駒三郎は、九代目の弟子になって宗三郎といった。團十郎に挨拶したら、「ああ、あの男か」といわれて恐縮した。

おっといけねえ　小団次が判官、寿美蔵が由良之助で巡業に廻ったが、判官がその日どうしたことか短刀を左手に持ってつっ伏した。由良之助が近寄って、取ろうとして困っているのがわかった小団次が、頭越しに右手に持ちかえたので、せっかくの一幕が台無しになった。

虎になった猪　信州の旅芝居で、小道具の若い衆、いちど五段目の猪がしたいと頼み、七代目中車が承知した。大喜びで、ぬいぐるみを着て姿見で自分の恰好をみているうちに出になる。張りきって花道のつけ際で土間に落ちたのを、後見が引っ張り上げると、方向を間違えて、また花道へ戻った。見物は大騒ぎ、それを聞いて、弟子が「千里行って千里戻ったわけですね」、中車「馬鹿野郎、虎じゃねえや」。

絶句　中村仲蔵の「絶句張」というトチリ集には傑作な話が満載されている。

五代目半四郎の弟子の亀次郎という女形、田舎で九段目のお石を勤めた。「この三宝へは」のあと、本蔵殿の白髪首というのを忘れて、「この三宝へは……ええ、たいがい見繕ってお出しなされ」、とあとは俯向いて物言わず。

楽屋に気をつけろ　市川団八という江戸役者、仇名は大ぎょう。楽屋内で憎まれていたので、田舎で定九郎を演じたとき、自分で紅をといて松蔭に置いたのを墨に取りかえられた。腹へ墨を塗り口から墨を吹き出す。見物は、烏賊蛸《いかたこ》だと悪口をいう。団八湯殿へきて、腹が真っ黒なので大いに怒った。翌日は、紅をよくよく見届けたが、こんどは鉄砲が鳴らないので、じれて血を吐いて、「吐血で死ぬのだ」と仰向けに倒れた。落語そのままの実話である。

かけもちもホドホドに　旅芝居は人数少なく、座頭が由良之助、若狭之助のほか、五段目の猪にも出た。三段目の若狭之助のあと、四段目の駆けつけまで間があるので、猪をかぶって寝ていた。判官が切腹しても由良之助が出てこない。あわててゆり起こすと、五段目かと思い、猪をかぶったまま走り出す。囃子もどうろたえたか、テンテレックと打ち出し、猪は舞台に来て、判官を飛びこし、二人の上使を蹴倒すやら、上手の襖を突き倒して入る。一同大騒ぎで幕を引く、前代未聞の珍事なり、と記されている。ほんとかな。

人の役をとるな　五代目幸四郎が甲府で師直をやり、中村勘左衛門が判官を勤めた。勘左衛門、「狂気召されたか、いやさ、気が違ったか塩冶判官」、幸四郎小声で「判官たアわれが名だ」、「サ、それは」。

いつも持ち役のつもりで　八代目團十郎が河原崎座で勘平を勤めた。お軽と九太夫は三代目菊五郎。六段目の惣湊いに、八代目が勘平をやっているのに菊五郎が「そこはこうせねばならぬ、ここはこう」と、すっかり自分で勘平をやって見せた。七段目になって「待て待て、いま血糊を使ったものがすぐに九太夫には出られない。こりゃひと工夫せねばならぬ」に狂言方はびっくりして、「あなたは九太夫とお軽でございます」、菊五郎は気づいて「ほんにそうだっけ」。

年来持ち役にしてきたので、勘平も自分の役と思いこんでいたのである。

凝り性　花柳某、仇名おかんちょうという役者は凝り性だった。六段目の勘平で、「畳に喰いつき天罰を」の浄瑠璃で、突っ伏して顔をあげるとき、藁を七、八本くわえて起きる。見物は声をかけて、「イヨ、神農さま」。

一瞬の早技　判官、「左手《ゆんで》へガバと突立てる」の浄瑠璃で、どううろたえたか、右手《めて》へ突きたてた。びっくりした郷右衛門、どうするかと見ていたら、「かけ来る大星由良之助」で見物が花道を向いた間に、手早く刃を持ちかえたので、楽屋は大笑い。

全段通し！　落語版面白忠臣蔵

大序　「田舎芝居」にある。村祭りの余興に江戸の中村福寿という馬の脚役者を雇って指図してもらった。大序の幕が開き、トントンと芝居は進む。師直と若狭之助との争いになって、師直が突然「アイタタ……」。稽古中に軒先にかけておいた烏帽子に蜂が入って巣をこしらえているのを知らずにかぶり刺されたのだ。師直は烏帽子をポンと投げ出すと蜂が飛び出し、師直の頭はふくれ上がっている。

見物が囃す。「さすがにうめえもんだ。師直と福助の早替りだ」。

小夜衣　薬屋の店先でむかしは枇杷葉湯（血の道の妙薬）をふるまっていた。塩冶判官の妻顔世御前は、隣家の高師直に湯上がりの肌を見られる。師直は小間物屋の老婆に艶書をことづけるが、顔世は封も切らずに「小夜衣」と書いて返す。恋の叶わぬ返事かと師直が泣き出したと聞いて顔世は夫に難儀がかかっても困る。「どなたにでもお振舞い申そうか」と妙な気を起こした。顔世御前の出自は烏丸家、枇杷葉湯の本家という因縁を結びつけている。

二段目　湯屋で客同士芝居の話に実がはいり、本蔵がえらい、由良之助がえらいと喧嘩になった。ほかの客は巻き添えにならぬよう早々に帰ってしまい、残った客が「番頭、着物がないそ、どこへやった」。番頭はすましてて「へい、二段目じゃーい」。

三段目　「質屋芝居」にある。この質屋は芝居好き。袢を出しに小僧が蔵にはいると、隣りの稽古所から三味線が聞こえる。呼びにいった番頭が引っぱりこまれて、勘平、伴内の芝居の真似をはじめる。主人も呼びに行くが、これも芝居好きで木戸番をやる。しびれを切らした客が蔵の裃をとろうとすると主人「青田（タダ見）はならんぞ」、客「表で札はわたしてます」。

四段目　伊勢屋の小僧定吉は無類の芝居好き。使いの途中芝居の立見をしてきたので主人は叱って土蔵の二階に追いあげた。小僧は、そこで四段目のひとり芝居をはじめる。心配した主人は、さぞ腹が減ったろうと女中に飯を運ばせる。「定どん、御膳」というと小僧は、「フム、待ちかねたわやい」。べつに、旦那が飯を運ぶこともある。「御前（御膳）」「蔵の内で（由良助）かあ」「へへえーッ」「待ちかねた」。

淀五郎　森田座の「忠臣蔵」で判官役者が病気で倒れ、芝居茶屋の息子で下廻りの沢村淀五郎が抜擢された。「四段目」、切腹しても由良之助の市川團蔵はそばにこない。二日目も同じ。「いっそ明日は團蔵を刺して、自分もほんとに腹を切ろう」と思いつめ、座頭の中村秀鶴に暇乞をするが、淀五郎の役づくりの心得ちがいを悟される。三日目、淀五郎がひょいと見ると團蔵がそばにきていた。「ううん、待ちかねた」。

五段目　町内の素人芝居で「五段目」が出ることになった。勘平希望の役者ばかり、「これでは観兵（勘平）式だ」。近江屋の若旦那は定九郎で納められたが、小道具が火口をなくして鉄砲が鳴らない。定九郎が楽屋に向かって「鉄砲」といった拍子に口にふくんでいた卵の殻がこわれて血だらけになる。見物から「鉄砲は抜きかい」といわれた定九郎。「ウム、今日は吐血で死ぬんだ」。

中村仲蔵　「五段目」の定九郎は、それまでは名題下の勤める悪い役だったが、柳島妙見様へ日参をした満願の日みた浪人姿から工夫してかえた。初日、見物は息をのんでうんともすんともいわない。師匠の中村伝五郎に呼ばれてほめられた。見物も度肝をぬかれたが好評だ。師匠から煙管《きせる》をもらって女房に話すと、「ケムに巻かれるよ。もらったのがきせるだから」。別名「蛇の目傘」。

村芝居　大店の素人芝居に、飯たき権助が呼ばれて勘平をやることになった。目を患ったとき坊主頭になった権助、ホクチ、モグサ、糸くずで即製のかつらをこしらえたが、勘平の火縄がかつらに燃え移った。「声をあげろ」といわれるのもがまんしたが、声と肥をまちがえて、こやしをかけたので火事が大きくなった。「これがほんとのやけくそだ」。

二八義太夫　「五段目」の浄瑠璃の稽古をしているが、「ししに出会い」がなかなか覚えられない。「四四の十六」と教わって、十六は頭にはいったが肝心の「しし」が出てこずに、「二八に出会い」。「二八浄瑠璃」ともいう。

六段目　「片袖」または「幽霊の片袖」の題。上本町の山内清兵衛の娘の墓を掘り返して、婚礼衣裳や金を盗んだ男。金を愚鈍な喜イ公と山分けに、片袖を取って三年後、清兵衛の前に六部姿でやってきて、その片袖をタネに高野山へ三百円納めて供養してほしいという。金をもらって帰ろうとすると、隣で浄瑠璃の稽古が「六段目」で、「あとねんごろにとむらわれよ、さらばさらば」と口ずさんで出ていくのを見ていた喜イ公、「うまいことかたるなあ」。

七段目　芝居狂の若旦那、家にいても役者気どりで万事が芝居がかっている。呆れた親が二階に追いあげ、小僧定吉に静かにするようにいわせるが、この小僧がまた芝居好き。二人で「七段目」の平右衛門、お軽をはじめる。平右衛門の若旦那、お軽の斬りつけに本物の脇差を振り廻すので、「危い、危うございます」と後へ下がった途端、階段を落ちる。かけつけた主人が「てっぺんから落ちたか」「いいえ、七段目でございます」。

九段目　町内の素人芝居で、出し物は「九段目」ときまったが本蔵役者が病気になり、困った一同、役にぴたりの医者勝井円久（または小泉熊山）を頼んだ。芝居を知らない医者はセリフもあべこべの大騒ぎ、力弥に槍をつけられて、たばこの血止めをつける。見物から「血止めのたばこは細いか」といわれて、「いえ、手前切り（自家製）でございます」。

十段目　「天河屋儀平」。長持にどっかと腰をおろして、「天河屋儀平は男でござる」というので有名。ある日大星由良助を招いて酒宴を開く。儀平女房に目をつけた由良之助が口説く。利口な女房は、九ツの鐘を合図に忍んでこいと由良之助を寝かせ、天河屋を自分の部屋に寝かせ、自分は亭主の部屋に。由良之助が約束通り忍びこんで抱きつくと、天河屋はびっくりして飛び起き、長持にすわって、「天河屋儀平は男でござる」。

討入り　山岡角兵衛は浅野浪士の一人だったが、病死して仇討ちに加われなかった。女房お縫は吉良家に妾奉行して、情報を大石に知らせていた。討入りの夜、薙刀をもって奮戦、吉良方の達人美濃部五左衛門に斬り立てられたが、縁側から庭へもんどり打って立ち、横に払って敵を倒した。大石は遠くから見て、「よく落ちながらひっくり返った」。そのはずだ、角兵衛の女房だから。

〈主な参考資料〉

『増補赤穂義士事典』大石神社蔵版　新人物往来社
『実証赤穂義士』佐々木杜太郎　新人物往来社
『元禄事件始末記』佐々木杜太郎　新人物往来社
『ザ・忠臣蔵』飯尾精　新人物往来社
『正史赤穂義士』渡辺世祐　光和堂
『証言赤穂事件』田辺明雄　新人物往来社
『考証赤穂事件』茅原昭雄　東方出版
『日本史探訪17』南条範夫他　角川書店
『忠臣蔵』戸板康二　創元社
『忠臣蔵』松島栄一　岩波書店
『歴史への招待5』鈴木健二　日本放送出版協会
『仮名手本忠臣蔵』日本の古典13　世界文化社
『赤穂義士』三田村鳶魚　青蛙房
『三田村鳶魚全集』三田村鳶魚　中央公論社
『忠臣蔵』増田七郎　弘文堂
『武江年表』東洋文庫　平凡社
『赤穂義士實談』信夫恕軒　廣文堂書店
『武野燭談』村上直（校注）新人物往来社
『復讐』熊代照夫　東京新聞出版局
『忠臣蔵意外史』熊代照夫　東京新聞出版局
『忠臣蔵・もう一つの歴史感覚』渡辺保　白水社
『忠臣蔵とは何か』丸谷才一　講談社
『忠臣蔵銘々伝』尾崎秀樹（監修）成美堂出版
『忠臣蔵の事件簿』小室金之助　東京書籍
『大石家義士文書』大石神社蔵　新人物往来社
『忠臣蔵の世界』諏訪春雄　大和書房
『忠臣蔵と四谷怪談』鶴見俊輔・安田武　朝日新聞社
『忠臣蔵――意地の系譜』佐藤忠男　朝日新聞社
『近世風俗史』喜多川守貞　文潮社書院
『考証武家の世界』稲垣史生　千人社
『江戸生活事典』三田村鳶魚　青蛙房
『江戸時代役職事典』川口謙二他　東京美術
『日本の歴史』中央公論社
『江戸に就ての話』岡本綺堂　青蛙房
『江戸東京地名事典』菊地秀夫　雪華社

『新修五街道細見』岩井良衛　青蛙房
『江戸街談』岩井良衛　毎日新聞社
『下町舞台切絵図』中山幹雄　下町タイムス社
『江戸から東京へ』矢田挿雲　中央公論社
『日本戯曲全集』春陽堂
『忠臣蔵文庫』饗庭篁村（校訂）博文館
『忠臣蔵浄瑠璃集』帝国文庫　博文館
『評釈仮名手本忠臣蔵』河竹繁俊（監修）碩学書房
『名作歌舞伎全集』戸板康二他（監修）東京創元新社
『忠臣蔵原色写真文庫』河竹登志夫　講談社
『写真忠臣蔵』吉田千秋　保育社
『忠臣蔵偏癡気論』式亭三馬　演芸文庫
『忠臣蔵岡目評判』十返舎一九　演芸文庫
『手前味噌』三代目中村仲蔵　青蛙房
『新劇年代記』倉林誠一郎　白水社
『真山青果全集』真山青果　講談社
『講談全集』講談社
『講談名作全集』普通社
『落語事典』東大落語会　青蛙房
『古典落語事典』永田義直（編著）緑樹出版
『不忠臣蔵』井上ひさし　集英社
『英雄再発見』尾崎秀樹　時事通信社
『京阪百話』高谷伸他（共編）日東書院
『日本映画俳優全集』キネマ旬報社
『日本映画発達史』田中純一郎　中央公論社
『日本映画名作全史』猪俣勝人　社会思想社
『映画渡世』マキノ雅弘　平凡社
『聞書アラカン一代』竹中労　徳間書店
『劇団五十年』中村翫右衛門　未来社
『芸話おもちゃ箱』中村翫右衛門　朝日新聞社
『血液型人間』鈴木芳正　産心社
『血液型おもしろ読本』能見俊賢　文化創作出版
『歴史読本』新人物往来社
『歴史と旅』秋田書店
『演芸画報』『新演芸』『演劇界』『上演資料集』国立劇場芸能調査会『風俗備要』同　他

忠臣蔵大全

著　者　　藤田　洋
発行者　　真船美保子
発行所　　KK ロングセラーズ
東京都新宿区高田馬場 2-1-2　〒 169-0075
電話（03）3204-5161(代)　振替 00120-7-145737
http://www.kklong.co.jp
印　刷　　(株)暁印刷　　製　本　(株)難波製本

落丁・乱丁はお取り替えいたします。
※定価と発行日はカバーに表示してあります。
ISBN978-4-8454-5004-6　C0221　　Printed In Japan 2016